4마당 신앙계승

A Succession of Faith

소그룹 성경통독 _ 4마당 신앙계승

초판 1쇄 발행 2007년 7월 16일
3쇄 발행 2015년 7월 9일

지은이 · 조병호
펴낸곳 · 도서출판 **통독원**
주 소 · 서울시 서초구 반포대로 7길 7(석영빌딩 B1, 서초동)
전 화 · 02)525-7794
팩 스 · 02)587-7794
홈페이지 · www.tongdok.net
등 록 · 제22-2766호(2005.6.27)

ISBN 978-89-92247-13-9 04230
ISBN 978-89-92247-00-9 (전 20권)

책값은 뒤표지에 있습니다.
파본은 바꾸어 드립니다.

BIBLE TONGDOK

소그룹 성경통독 4마당

신앙계승

조병호

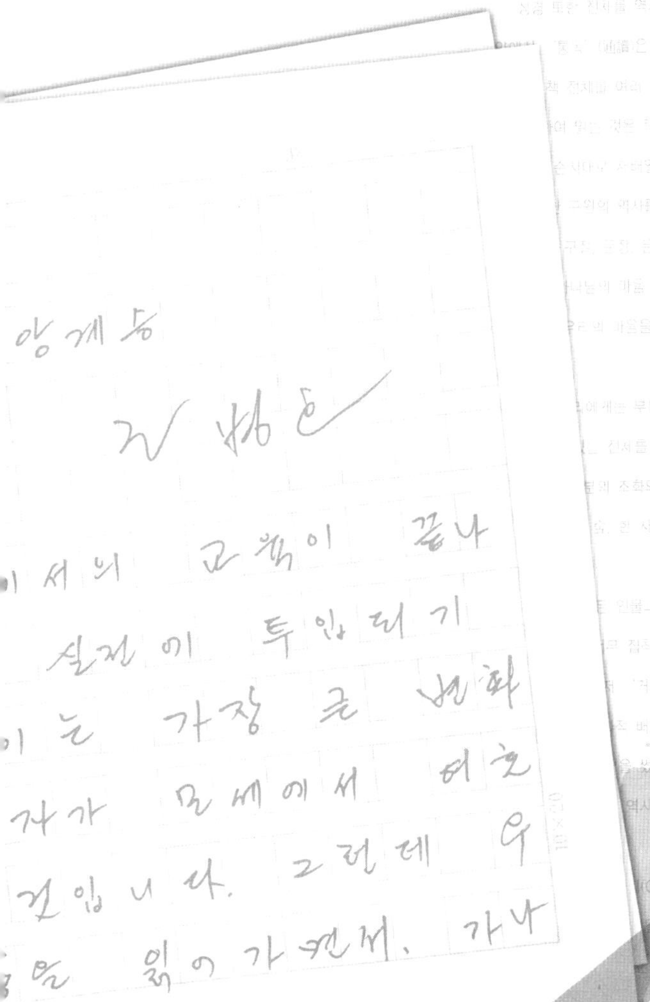

통독원

《소그룹 성경통독》을 펴내며

《소그룹 성경통독》 시리즈는 성경과 더욱 가까워지길 원하는 사람들을 위한 책입니다. 이 시리즈는 성경 66권 전체를 다루고 있으며, 시간 흐름에 따라 성경을 역사적 순서대로 재배열하여 체계적인 성경공부가 가능하도록 구성되어 있습니다.

이 책을 통해 세계를 경영하시는 하나님의 놀라운 섭리를 깨닫게 될 것이며, 그분의 말씀에 순종함으로써 삶의 현장 속에서 훌륭하게 쓰임 받았던 하나님의 사람들을 전인격적으로 만나게 될 것입니다.

여러분과 소그룹 구성원들이 이 책을 통해 성경을 통독하는 놀라운 기쁨을 새롭게 체험하길 바랍니다. 각 개인에게는 신앙의 견고성이 더해지고, 성도 간에는 깊은 교제가 이루어질 수 있도록, 본서는 구체적이고 실질적인 도움을 제공할 것입니다. 말씀을 사모하는 여러분에게 하나님께서 충만한 은혜와 지혜를 부어주시기 바랍니다.

목 차

이 책의 구성

《소그룹 성경통독》 시리즈의 전체 구성은 다음과 같습니다.
- 20개의 〈마당〉 : 성경 전체를 역사 순서대로 재배열하여 20개 마당으로 묶음.
- 66개의 〈숲이야기〉 : 한 마당은 2~4개의 〈숲이야기〉로 구성됨.
- 240개의 〈나무〉 : 소그룹 성경통독을 할 때, 1회의 분량으로 적절한 단위.

1. 소그룹 성경통독의 진행 순서

찬양과 기도 그날 통독본문의 주제와 어울리는 찬양을 함께 부른 후, 성경을 통독하는 가운데 하나님의 마음과 뜻을 깨달아 알 수 있는 지혜를 달라고 기도드립니다.

마음열기 〈나무〉의 내용 중에서 생각해 보아야 할 중요 주제에 대해, 먼저 일상적인 삶 속에서 꺼내어 볼 수 있는 이야기로 생각과 마음을 편하게 나눕니다.

함께읽기 전체 통독본문은 각자가 미리 읽어오는 것이 좋습니다. 그리고 소그룹 모임에서는 '함께 읽으면 좋은 성경 한 장' 을 다같이 통독합니다. 합독이나 교독 등, 모든 참석자가 소리를 내어 함께 읽는 것이 좋습니다.

친해지기 그날 모여서 함께 읽은 성경 내용 중에서 쉽게 답을 찾아보고 상상해볼 수 있는 질문입니다. 성경과 친해지는 계기로 삼아보십시오.

말씀의 숲길로

부분이 아닌 전체로, 통전적 관점에서 성경을 보는 안목을 제시합니다. 글의 문맥을 따라가며, 하나님께서 역사하신 '그때 거기서'의 현장 속으로 들어가보십시오.

성경의 빈칸 채워 넣기

각 〈나무〉의 내용 중에서 중요 성경구절을 선별하여, 그 중 2-3개의 단어나 어절에 빈칸을 만들어 두었습니다. 전체 흐름상 그 빈칸에 들어갈 적절한 말이 무엇일지 스스로 생각해 답을 적어본 후, 정답을 확인해 보십시오. 소그룹 모임의 경우, 각자의 답과 왜 그렇게 생각했는지를 이야기하고, 함께 답을 찾아 읽어보는 것도 좋습니다.

보석찾기

본문 내용 전체를 살핀 뒤, 해당 〈나무〉에서 중요하게 다룬 성경의 내용을 확인해 둡니다.

마음나누기

해당 〈나무〉의 내용을 기초로 말씀을 삶 속에 적용해 보고, 실천의 방향을 함께 나누는 것입니다. 혼자의 경우는 생각해 적어보고, 소그룹 모임의 경우, 각자 적은 내용을 서로 나누도록 합니다.

기도

그날의 성경통독 모임을 통해 깨닫고 느낀 하나님의 마음, 그리고 그 말씀의 기반 위에서 함께 실천하기로 다짐해야 할 사항들을 생각하며 간절히 기도합니다.

2. 일곱 가지 팁

이 책에 실린 팁들은 일곱 가지 종류로 분류되어 있으며, 본문을 읽어가는 중에 참고하시면 성경에 대한 지식과 깊이 있는 이해를 더하는 데에 도움이 됩니다.

하나님의 계획 인간의 짧은 생각으로는 이해할 수 없는 하나님의 깊은 마음과 큰 계획을 소개합니다.

하나님의 사람들 영성과 사회성을 갖춘 하나님의 사람들과 그들이 만들어가는 믿음의 역사를 조명합니다.

리더십 하나님의 사람들이 보여주는 삶의 모범과 리더십의 면모들을 살펴봅니다.

메시지 성경의 사건과 인물들의 삶의 내용을 통해 말씀이 우리의 구체적 삶에 던지는 감동과 깨달음을 새겨봅니다.

지혜창고 성경은 한없는 지식과 지혜의 창고입니다. 성경을 통독해 갈 때에 도움이 될 만한 사항들과 지혜의 실마리들을 정리하여 실었습니다.

알아두기 성경을 통독해 갈 때에 알아두면 좋은 지식이나 정보 등을 담았습니다.

αΩ 원어해설 성경을 이해하는 데 핵심이 되는 단어들의 히브리어와 헬라어 원어의 뜻을 살펴봄으로써 더 깊은 성경 이해로 나아가도록 돕습니다.

4마당 둘러보기

여호수아와 만나세대들은 가나안 점령이라는 거대한 역사적 사명을 실천하는 가운데 하나님의 놀라운 능력과 기적을 온몸으로 체험합니다. 그런데 한 가지 궁금한 것은 그런 멋진 만나세대들의 후대에 왜 그토록 어두운 사사시대가 시작되었는가 하는 문제입니다. 우리는 함께 그 이유를 찾아볼 것입니다. 만나세대가 행복했던 이유, 그러나 그 후손들이 불행했던 이유, 그 시대 전체를 감쌌던 어둠 속에서도 한 줄기 빛으로 살았던 사람들, 그들에게 우리 하나님의 눈길이 향했던 이유를 찾고 만나볼 것입니다. 이러한 과정 가운데 우리는 지금 우리가 이렇게 열심히 성경을 공부하는 이유, 그리고 우리의 아이들에게 성경을 열심히 가르쳐야 할 이유를 분명히 깨닫게 될 것입니다.

숲이야기 1

약속의 땅에서의 계승과 도전

여호수아 1-12장

나무 59

성공적인 교육의 결과, 만나세대

수 1장

찬양

찬송가 – 390장 · 십자가 군병들아
찬　양 – 주님과 담대히 나아가

기도

이 시간, 말씀을 통독하는 가운데 하나님의 마음과 뜻을 깨달아 알 수 있도록 지혜를 주옵소서.

마음열기

사람의 변화는 교육에서 옵니다. 당신은 현재 어떤 교육을 받고 있으며, 어떤 변화를 기대하고 있습니까?

함께읽기

함께 여호수아 1장을 읽어봅시다.

친해지기

여호수아는 40년의 광야생활을 마친 이스라엘 군대를 이끌고 가나안 정복 준비를 합니다. 가나안 정복전쟁의 선봉대로 세워진 이들은 어느 지파 사람들이었습니까?

말씀의 숲길로

40년 광야학교에서의 교육이 끝나고 이제 이스라엘이 실전에 투입되기 직전입니다. 눈에 보이는 가장 큰 변화는 이스라엘 백성의 지도자가 모세에서 여호수아로 바뀌었다는 것입니다.

그런데 우리는 여호수아 1장을 읽어가면서, 가나안 점령을 앞둔 여호수아가 상당히 떨고 있음을 짐작할 수 있습니다. 여호수아가 전혀 두려워하지도 않는데 하나님께서 여호수아에게 "두려워 말며 놀라지 말라"라고 하실 리는 없기 때문입니다. 수 1:9

하나님께서는 두려워하는 여호수아에게 "마음을 강하게 하고 담대히 하라"라고 말씀하시며 힘을 주십니다. 여호수아가 어디로 가든지 함께 동행하시겠다는 약속을 주시며 격려하십니다.

"네 평생에 너를 능히 대적할 자가 없으리니 내가 모세와 함께 있었던 것 같이 너와 함께 있을 것임이니라 내가 너를 떠나지 아니하며 버리지 아니하리니 강하고 담대하라 너는 내가 그들의 조상에게 맹세하여 그들에게 주리라 한 땅을 이 백성에게 차지하게 하리라" 수 1:5-6

"오직 강하고 극히 담대하여 나의 종 (　　　　　)가 네게 명

하나님의 계획

세대교체 / 출애굽세대는 애굽에서 태어나 출애굽의 역사를 경험했던 세대(20세 이상, 민 14:29-32)로 그 이후 40년 동안 광야에서 모두 삶을 마감했다. 그리고 가나안 입성의 세대는 바로 그 기간, 다시 말해 광야 40년 동안 자라거나 태어난 사람들이다. 그들은 곧 가나안 입성의 역사를 경험하게 될 세대이다. 이들은 광야에서 40년간 만나를 먹고 자라온 '만나세대'이다. 하나님은 지금 가나안이라는 약속의 땅에서 시작될 새로운 역사를 준비하고 계신다.

령한 그 율법을 다 지켜 행하고 우로나 좌로나 치우치지 말라 그리하면 어디로 가든지 형통하리니 이 율법책을 네 입에서 떠나지 말게 하며 주야로 그것을 (   )하여 그 안에 기록된 대로 다 지켜 행하라 그리하면 네 길이 평탄하게 될 것이며 네가 (   )하리라 내가 네게 명령한 것이 아니냐 강하고 담대하라 두려워하지 말며 놀라지 말라 네가 어디로 가든지 네 하나님 여호와가 너와 함께 하느니라 하시니라" 수 1:7-9

하나님께로부터 위로와 용기를 얻은 여호수아는 전쟁의 선발대를 세웁니다. 선발대는 다름 아닌, 르우벤 지파, 갓 지파, 므낫세 반 지파입니다. 이들은 이미 얼마 전에 아모리 왕 시혼과 바산 왕 옥과의 싸움을 통해 얻은 요단 동편의 목초지를 자신들의 기업으로 받았습니다. 그때 모세와 약속하기를, 다른 지파들이 요단 서편을 점령하러 갈 때에 자신들이 선봉에 서기로 했던 것입니다. 민 32:16-27 여호수아가 그 약속을 상기시키며 전쟁에 앞장설 것을 요구합니다.

"여호수아가 또 르우벤 지파와 갓 지파와 므낫세 반 지파에게 말하여 이르되 여호와의 종 모세가 너희에게 명령하여 이르기를 너희의 하나님 여호와께서 너희에게 안식을 주시며 이 땅을 너희에게 주시리라 하였나니 너희는 그 말을 기억하라 너희의 처자와 가축은 모세가 너희에게 준 요단 이쪽 땅에 머무르려니와 너희 모든 용사들은 무장하고 너희의 형제보다 앞서 건너가서 그들을 돕되 여호와께서 너희를 안식하게 하신 것 같이 너희의 형제도 안식하며 그들도 너희

✓ 알아두기

참모에서 지도자로 / 여호수아의 본명은 '호세아'이다. 에브라임 지파 출신이며 아버지의 이름이 '눈'이어서 '눈의 아들'이라고도 불렸다. 그는 출애굽 후 모세를 돕는 참모였다. 가나안 땅 정탐 때에 정탐꾼으로 선발되었는데, 갈렙과 함께 가나안 정복 가능을 주장하였다. 결국 모세를 이어 이스라엘의 지도자가 되었다.

의 하나님 여호와께서 주시는 그 땅을 차지하기까지 하라 그리고 너희는 너희 소유지 곧 여호와의 종 모세가 너희에게 준 요단 이쪽 해 돋는 곳으로 돌아와서 그것을 차지할지니라" 수 1:12-15

이러한 여호수아의 요청에 르우벤, 갓, 므낫세 반 지파가 대답합니다.

"그들이 여호수아에게 대답하여 이르되 당신이 우리에게 명령하신 것은 우리가 다 행할 것이요 당신이 우리를 보내시는 곳에는 우리가 가리이다 우리는 범사에 모세에게 순종한 것 같이 당신에게 순종하려니와 오직 당신의 하나님 여호와께서 모세와 함께 계시던 것 같이 당신과 함께 계시기를 원하나이다 누구든지 당신의 명령을 거역하며 당신의 말씀을 순종하지 아니하는 자는 죽임을 당하리니 오직 강하고 담대하소서" 수 1:16-18

αΩ 원어해설

샤마 שָׁמַע

: 순종한 (수 1:17) / '샤마'는 '귀를 기울이다, 주의 깊게 듣다, 청종하다'를 의미한다. '샤마'는 단순히 말을 듣는 것을 넘어 절대적으로 순종하는 행동에 대해 자주 사용된다. 여기서는 이스라엘 백성들이 여호수아의 말에 절대 복종할 것을 맹세함으로써 여호수아를 모세의 합법적 후계자로 인정함을 나타내고 있다.

참으로 멋진 장면입니다. 출애굽했던 이들의 자녀세대, 즉 광야에서 만나를 먹으며 자라난 '만나세대'가 얼마나 멋지게 훈련되었는지를 볼 수 있습니다. 어느 누가 전쟁에서 가장 위험한 선봉에 서려고 하겠습니까? 그런데도 이들은 몸을 사리지 않고 전쟁의 선봉에 서겠다고 하면서 오히려 여호수아를 격려하고 당신이 무엇을 명령하든 다 순종할 테니 오직 지도자께서는 마음을 강하고 담대히 하라고 격려합니다. 이들의 부모세대인 출애굽세대와는 매우 다른 모습이 아닐 수 없습니다.

이 놀라운 변화는 40년 율법 교육의 결과입니다. 만나세대들은 광야에서 만나만 먹은 것이 아니라 말씀의 양식을 섭취했던 것입니다. 레위기, 민수기, 신명기에 걸친 긴 교육 과정이 여호수아서의 승전보들을 만들어 내는 것이라고 말할 수 있습니다.

드디어 하나님의 위로와 백성들의 격려를 함께 받은 여호수아는 자신에게 맡겨진 사명을 당당히 수행하게 됩니다. 이 광경을 보시는 우리 하나님의 마음이 얼마나 흡족하셨을까 짐작해 봅니다. 모세의 40년 고생이 헛되지 않았구나, 하나님의 기다리심이 허사가 아니었구나 확신하게 됩니다.

보석찾기

가나안 진군의 선봉에 서라는 여호수아의 요구에 르우벤, 갓, 므낫세 반 지파는 무엇이라고 대답합니까? 성공적인 교육의 결과라고 볼 수 있는 그들의 대답[수 1:16–18]을 찾아 적어봅시다.

마음나누기

교육을 통해 놀랍게 변화된 사람이나 공동체의 사례를 이야기해 봅시다. 당신 자신의 경험도 좋습니다.

기도

놀라운 섭리로 역사를 경영하시는 하나님을 찬양합니다. 만나세대가 하나님의 명령에 온전히 순종했듯이, 저희 또한 하나님의 약속을 온전히 신뢰함으로써 하나님을 기쁘시게 하는 자녀들이 되게 하옵소서.

나무 60

실패를 딛고

수 2장

찬양

찬송가 – 45장 · 참 놀랍도다 주 크신 이름
찬　양 – 주 이름 큰 능력 있도다

기도

이 시간, 말씀을 통독하는 가운데 하나님의 마음과 뜻을 깨달아 알 수 있도록 지혜를 주옵소서.

마음열기

당신이 이전에 저지른 잘못이나 실수 중에서 '이것만큼은 다시 반복하고 싶지 않다' 라고 생각하는 잘못이나 실수가 있다면 어떤 것입니까?

함께읽기

함께 여호수아 2장을 읽어봅시다.

친해지기

여호수아가 여리고에 보낸 정탐꾼들이 발각되어 위험한 순간을 맞게 되었을 때, 한 여인을 만나 도움을 얻습니다. 그 여인은 누구이며 어떤 생각을 갖고 있는 사람이었습니까?

말씀의 숲길로 ○●●

여호수아는 과거의 아픈 경험 한 가지를 가지고 있습니다. 40여 년 전, 가데스 바네아에서 가나안 땅을 눈앞에 두고 여호수아와 갈렙을 포함한 열두 명이 정탐을 다녀왔는데, 그 중 열 명이 그만 백성들 앞에서 믿음 없는 보고를 한 나머지, 끔찍한 결과가 발생했던 일입니다. 온 백성들이 애굽으로 돌아가자고 아우성치고, 모세와 아론은 땅바닥에 엎드리고, 자신과 갈렙은 옷을 찢으면서까지 백성들을 설득하려 했지만 오히려 돌에 맞아 죽을 위기에까지 처했던 그 40년 전 현장을 여호수아는 너무나 생생하게 기억하고 있습니다.민 13-14장

40년 동안 120만 명을 광야에서 죽게 했던 그 실패. 이제 그 실패를 결코 반복해서는 안 될 책임이 자신에게 주어진 것입니다. 그러니 어찌 두렵지 않을 수 있었겠습니까? 40년 전 정탐꾼들의 믿음 없는 보고가 백성들에게 어떠한 결과를 가져왔는지 너무도 잘 알고 있었기에, 여호수아는 더더욱 신중하게 두 사람을 택하여 여리고 정탐을 보냅니다.

☑ 알아두기

싯딤 / 여호수아가 여리고로 두 명의 정탐을 보낸 장소인 '싯딤'은 '아카시아나무 골짜기' 또는 '들이나 밭의 골짜기'란 뜻을 가지고 있다. 싯딤 골짜기는 팔레스타인과 경계를 이루는 모압 땅의 골짜기이다. 본래 이름은 '아벨 싯딤'으로 요단 동편 12km 지점에 위치한다.

그런데 이 두 정탐꾼들이 여리고에 진입한 지 얼마 되지 않아 곧 들통이 나고 맙니다. 하지만 이들은 여리고 여인 라합의 도움으로 위기를 넘기게 되고, 이때 라합은 두 정탐꾼들 앞에서 아주 놀라운 고백을 합니다. 하나님께서 이스라엘 백성들을 출애굽시키실 때 홍해를 마르게 하신 것과 요단 동편의 두 왕 시혼과 옥을 전멸시키신 것을 이미 들어 알고

있으며, 그 하나님이 '상천하지(上天下地)의 하나님'이라는 사실을 믿고 있다는 것입니다. 자기뿐 아니라 그 땅 백성들이 다 그 사실을 듣고 간담(肝膽)이 녹았다는 것입니다.

> "말하되 여호와께서 이 땅을 너희에게 주신 줄을 내가 아노라 우리가 너희를 심히 두려워하고 이 땅 주민들이 다 너희 앞에서 간담이 녹나니 이는 너희가 애굽에서 나올 때에 여호와께서 너희 앞에서 (   ) 물을 마르게 하신 일과 너희가 요단 저쪽에 있는 아모리 사람의 두 왕 시혼과 옥에게 행한 일 곧 그들을 전멸시킨 일을 우리가 들었음이니라 우리가 듣자 곧 (   )이 녹았고 너희로 말미암아 사람이 정신을 잃었나니 너희의 하나님 여호와는 위로는 하늘에서도 아래로는 땅에서도 (   )이시니라" 수 2:9-11

그러면서 도리어 정탐꾼들에게 자신과 가족을 살려달라고 간청합니다. 정탐꾼들은 라합의 부탁을 받아들이고 약조를 맺습니다. 이렇게 라합의 도움으로 성공적으로 정탐을 마친 그들은 여호수아에게 돌아와 믿음의 보고를 합니다. 이 보고는 향후 정복전쟁을 앞둔 이스라엘에게 큰 힘이 되었을 것입니다.

보석찾기 ○ ● ●

민수기 13장 31-33절과 여호수아 2장 24절에 나오는 정탐꾼들의 보고 내용을 각각 찾아 적고 그 차이에 대해 비교해 봅시다.

마음나누기 ○ ● ●

할 수만 있다면 피하고 싶은, 실패의 경험이 누구에게나 있을 것입니다. 당신이 살아오면서 겪었던 가장 큰 실패의 경험은 무엇이었으며, 어떻게 그 실패를 딛고 새로운 출발을 할 수 있었는지 이야기해 봅시다.

기도 ○ ● ●

자비로우신 아버지 하나님, 때때로 다가오는 어려운 일들 가운데에서도 항상 함께하셔서 바른 길로 인도하여 주시니 감사합니다. 담대하고 용감한 믿음의 소유자였던 라합과 이스라엘 백성들처럼, 진실한 믿음에서 나오는 지혜와 용기를 품게 하옵소서.

나무 61

믿음으로 내딛는 약속의 땅

수 3-5장

찬양 **찬송가 –** 399장 · 주의 약속하신 말씀 위에서
찬 양 – 주님은 나의 구원의 반석

기도 이 시간, 말씀을 통독하는 가운데 하나님의 마음과 뜻을 깨달아 알 수 있도록 지혜를 주옵소서.

마음열기 당신은 예전에 한번도 경험해 보지 않았던 미지의 세계에 용감하게 도전해 본 적이 있습니까?

함께읽기 함께 여호수아 5장을 읽어봅시다.

친해지기 이스라엘 백성들에 대한 소식을 들은 가나안 사람들의 반응은 어떠하였습니까?

땅에 대한 하나님의 약속을 성취하는 것, 이것은 단지 살 공간을 확충하기 위한 것이 아니라, 5백여 년간이나 계속된 하나님과 이스라엘 백성들의 소망이 실현되는 것입니다.

40여 년 전, 출애굽한 이스라엘은 첫 장애물이었던 홍해를 마른 땅으로 밟고 건너는 기적을 경험했습니다. 40년이 지난 지금, 만나세대는 하나님께서 약속하신 가나안 땅에 들어가는 첫 관문 요단강을 역시 마른 땅으로 건너게 됩니다. 이번에는 여호수아가 하나님의 명을 받았고, 법궤를 멘 제사장들이 앞장섰습니다. 아브라함이 받았고 이삭, 야곱, 요셉이 붙들었던 그 약속의 땅을, 광야에서 훈련받은 만나세대가 자신들의 발로 밟고 있는 것입니다. 여호수아와 백성들은, 하나님의 약속을 받고 붙들었던 그들의 조상들과 그 땅에서 뿌리를 내리고 살게 될 후손들 사이에서 하나님의 약속을 구체화시키는 사명을 감당하고 있습니다.

"요단이 곡식 거두는 시기에는 항상 언덕에 넘치더라 궤를 멘 자들이 요단에 이르며 궤를 멘 제사장들의 발이 물가에 잠기자 곧 위에서부터 흘러내리던 물이 그쳐서 사르단에 가까운 매우 멀리 있는 아담 성읍 변두리에 일어나 한 곳에 쌓이고 아라바의 바다 염해로 향하여 흘러가는 물은 온전히 끊어지매 백성이 여리고 앞으로 바로 건널새 여호와의 언약궤를 멘 제사장들은 요단 가운데 마른 땅에 굳게 섰고 그 모

☑ 알아두기

길갈과 실로

〈길갈〉

- "굴러간다"라는 뜻(수 5:9)
- 요단강 도하 후 처음으로 진을 친 장소(수 4:19)
- 길갈에서 단을 쌓고 할례를 행함(수 5:2)
- 초창기 가나안 정복의 아지트
- 여리고, 아이, 기브온 전투를 위한 베이스캠프(수 5:10)

〈실로〉

- 여호수아 후기의 중심지(수 18:1)
- 에브라임 지파가 분배받은 땅(수 16:6)
- 회막을 세워 제사 장소로 사용하였음(수 18:1)
- 가나안 땅 분배가 이루어진 곳(수 18:10)

든 백성이 요단을 건너기를 마칠 때까지 모든 이스라엘은 그 마른 땅으로 건너갔더라" 수 3:15-17

요단강을 건너자 광야 시대가 끝나고 가나안 시대가 펼쳐집니다. 바로 이때 이스라엘 백성들은 40년간 행하지 못했던 할례를 행하였고, 약속의 땅에서의 첫 유월절도 지킵니다.

"그 때에 여호와께서 여호수아에게 이르시되 너는 부싯돌로 칼을 만들어 이스라엘 자손들에게 다시 할례를 행하라 하시매 여호수아가 부싯돌로 칼을 만들어 할례 산에서 이스라엘 자손들에게 할례를 행하니라" 수 5:2-3

"또 이스라엘 자손들이 길갈에 진 쳤고 그 달 십사일 저녁에는 여리고 평지에서 ( )을 지켰으며 유월절 이튿날에 그 땅의 소산물을 먹되 그 날에 ( )과 볶은 곡식을 먹었더라 또 그 땅의 소산물을 먹은 다음 날에 만나가 그쳤으니 이스라엘 사람들이 다시는 ( )를 얻지 못하였고 그 해에 가나안 땅의 소출을 먹었더라" 수 5:10-12

이스라엘은 아브라함이 하나님과 맺은 언약의 표징인 할례를 이어받고, 출애굽의 사건을 기념하는 유월절을 행함으로써 다른 어느 민족과도 구별되는 여호와 하나님의 백성으로서의 정체성을 확고히 하였습니다.

하나님의 **계획**

역사교육 / 홍해의 기적을 통해 출애굽세대들에게 하나님께서 그들과 함께하심을 보여주셨다면 요단강의 기적을 통해서는 가나안 입성의 만나세대들에게 하나님께서 그들과 함께하심을 보여 주신다. 유월절을 지키며 출애굽의 역사를 기억하듯 이스라엘 백성은 길갈에 세운 열두 돌을 통하여 입(入)가나안의 사건을 기억하고 하나님께서 영원히 그들과 함께하심을 다음 세대에게 가르쳐 주어야 한다.

αΩ 원어해설

물 מוּל

: **할례를 행하다** (수 5:2) / '할례를 행하다'에 해당하는 히브리어 '물'은 '포피를 잘라내다'라는 뜻이다. 할례를 행하는 것은 아브라함 시대 훨씬 이전에 사용된 관습이었다. 이것은 아이들이 성년이 되는 절차를 통과했음을 나타내는 사춘기 의식으로 행해졌던 것 같다. 그러나 하나님은 아브라함에게 언약의 표징으로서 이 의식을 사용할 것을 계시하셨다(창 18장). 할례는 이스라엘이 하나님과 맺은 언약에 속해 있다는 표시이며, 그것은 언약에서 약속된 축복의 보증이다.

보석찾기 ○ ● ●

여호수아와 만나세대들은 가나안 땅의 첫 관문인 요단강을 마른 땅으로 건너게 됩니다. 그들이 요단강을 건넌 후에 길갈에서 행한 두 가지 일은 무엇인지, 여호수아 5장 3절과 10-11절에서 찾아 적고 그 의미에 대해서 생각해 봅시다.

마음나누기 ○ ● ●

당신은 당신의 신앙 역사에 있어서 이스라엘이 길갈에 돌을 세운 것[수 4장]처럼 기념비적으로 기리는 어떤 일이 있습니까?

기도 ○ ● ●

언제나 사랑으로 저희들을 인도하시는 하나님, 믿음으로 요단강을 건너 하나님이 약속하신 가나안 땅을 향해 나아갔던 이스라엘 백성들처럼, 저희가 이 광야 같은 세상에서 천국을 바라보며 담대히 발걸음을 옮길 수 있도록, 믿음과 용기를 더하여 주옵소서.

나무 62

만나세대의 믿음과 승리

수 6-12장

찬양 **찬송가 –** 402장 · 행군 나팔 소리로
찬 양 – 저 성벽을 향해 전진하라

기도 이 시간, 말씀을 통독하는 가운데 하나님의 마음과 뜻을 깨달아 알 수 있도록 지혜를 주옵소서.

마음열기 당신은 당신이 생각하기에 가장 최선이라고 판단되는 방법을 내려놓고, 믿을 만한 사람의 제안을 받아들여 본 경험이 있습니까?

함께읽기 함께 여호수아 7장을 읽어봅시다.

친해지기 이스라엘은 하나님께 대한 믿음과 순종으로 가나안 정복을 성공리에 마칠 수 있었습니다. 그런데 단 한 번, 아이 성 전투에서만은 실패했습니다. 그 이유는 무엇이었습니까?

말씀의 숲길로 ○●●

이제부터는 한 마디로 '전쟁'의 연속입니다. 이스라엘은 앞으로 5년간 가나안 민족과 전면전을 치르게 됩니다. 사사 시대, 다윗 시대, 열왕기 시대에도 전쟁을 많이 치르긴 하지만, 이때만한 때는 없습니다.

전쟁은 인간에게 있어서 가장 현실적이고 본능적인 행동을 하게 하는 상황입니다. 그런데 이스라엘 백성들은 이 전쟁의 현실 가운데에서 믿음을 지킵니다. 이 기간 동안 '전쟁의 승패는 사람에게 달린 것이 아니요, 하나님께 속한다'는 믿음의 원칙이 세워집니다. 이스라엘 백성들은 전쟁터에서 바로 이 믿음을 키워가는 것입니다.

지혜창고

앎과 사랑 / 사랑은 앎을 전제한다. 만나세대들은 말씀을 통해서 하나님을 알아갔다.

이스라엘은 가나안 정복 전쟁의 첫 번째 점령지인 여리고 성을 칼과 창을 사용하지 않고 하나님께서 지시하신 방법 수 6:2-5으로 함락시킵니다. 하나님께서는 가나안 정복 전쟁의 승패는 하나님의 뜻에 따라 결정된다는 사실을 이 사건을 통해 알려주고자 하셨을 것입니다.

"이에 백성은 외치고 제사장들은 나팔을 불매 백성이 나팔 소리를 들을 때에 크게 소리 질러 외치니 성벽이 무너져 내린지라 백성이 각기 앞으로 나아가 그 성에 들어가서 그 성을 점령하고 그 성 안에 있는 모든 것을 온전히 바치되 남녀 노소와 소와 양과 나귀를 칼날로 멸하니라" 수 6:20-21

☑ 알아두기

여리고 건축자에 대한 저주 / 여호수아가 여리고 성을 무너뜨리고 맹세하였다. "여리고 성을 일어나서 건축하는 자는 저주를 받아서 기초를 쌓을 때 장자를 잃고 문을 세울 때 계자를 잃으리라(수 6:26)." 이후 이스라엘 왕 아합 시대에 실제로 한 벧엘 사람이 여리고를 건축하다가 맏아들과 말째아들을 잃는 일이 생긴다(왕상 16:34)

그런데 여리고 성을 함락한 후 문제가 생깁니다. 그 성에서 얻은 모든 것은 하나님께 바쳐야 했는데,수 6:18-19 몇 가지 물건을 숨겨둔 아간으로 인해 이스라엘이 아이 성 전투에서 패하고 만 것입니다. 결국 아간은 그 벌로 돌에 맞아 죽습니다.수 7:25-26 한 사람이 하나님의 말씀을 어김으로 말미암아 공동체 전체가 전쟁 패배라는 결과를 감수해야 했으며, 나아가 동족을 돌로 치는 경험을 통해 이스라엘 백성들은 가나안에서 토지를 비롯한 재산을 소유하기에 앞서 물질에 대한 깊은 교훈을 얻었을 것입니다.

산지에 자리 잡고 있던 아모리 족속 동맹국의 왕(예루살렘 왕, 헤브론 왕, 야르뭇 왕, 라기스 왕, 에글론 왕)들이 이스라엘과 화친한 기브온을 치러 올라옵니다.수 10:5 기브온이 여호수아에게 도움을 청하게 됩니다. 그래서 시작된 전투가 바로 태양과 달을 멈추게 했던 그 유명한 전투입니다.

"여호와께서 아모리 사람을 이스라엘 자손에게 넘겨주시던 날에 (　　　　　　)가 여호와께 아뢰어 이스라엘의 목전에서 이르되 (　　　　)아 너는 기브온 위에 머무르라 달아 너도 아얄론 골짜기에서 그리할지어다 하매 태양이 머물고 달이 멈추기를 백성이 그 대적에게 원수를 갚기까지 하였느니라 …… 여호와께서 사람의 (　　　　　　)를 들으신 이 같은 날은 전에도 없었고 후에도 없었나니 이는 여호와께서 이스라엘을 위하여 싸우셨음이니라"수 10:12-14

☑ 알아두기

당시 가나안에 살던 족속들

족 속	위 치
헷	광야와 레바논에서부터 유브라데에 이르는 지역
가나안	베니게 지역의 해변가와 요단강 계곡
블레셋	팔레스타인 해안 지대
히위	팔레스타인 북부 산간 지대와 기브온
여부스	예루살렘과 그 주변의 산간 지대
브리스	주로 변두리나 산간 지역
기르가스	요단 서편 지역

이 전투로 이스라엘은 남방 지역의 성읍들을 얻습니다. 이 밖에도 "산지와 남방과 평지와 경사지"의 모든 왕들을 쳐서 성읍들을 빼앗고 길갈 진으로 돌아옵니다. 이어서 여호수아 11장에는 북방 연합군과의 전쟁 이야기가 계속됩니다. 이스라엘은 자신들과 싸우려고 메롬 물가에 집결하였던 북방 연합군을 물리치고 갈릴리 북부 지역을 얻게 됩니다.

지혜창고

가나안 족속을 멸하여야 하는 이유 / 하나님은 가나안 땅에 거하는 족속들을 진멸하되 그들과 어떤 언약도 하지 말고 그들을 불쌍히 여기지도 말라고 명령하셨다(신 7장). 하나님은 그 이유를 "가나안 땅에 거하는 민족들이 행한 가증한 일과 악행 때문(신 18:9-14)"이라고 분명히 밝히셨다.

모세가 정복한 요단 동편의 왕들 2명과 여호수아가 정복한 요단 서편의 왕들 31명의 명단이 여호수아 12장에 열거되어 있습니다. 하나님의 말씀에 대한 믿음과 순종, 그리고 이스라엘 백성들의 땀과 수고가 어우러져 33번의 승전 기록이 남겨지게 되었습니다. 아이 성에서의 단 한 번의 패배를 제외하고 모든 전쟁에서 승리케 하신 하나님의 도우심이 그들의 충성과 헌신에 함께하셨던 것입니다.

만나세대의 부모들은 아낙 자손을 보고 두려움에 떨었습니다. 그들의 어린 자녀들이 사로잡힐 것이라고 걱정했습니다. 그때 지도자는 모세였고, 그들은 만나를 공급받고 있는 상황이었습니다. 그들의 자녀세대인 만나세대도 똑같은 상황 앞에 놓여 있었습니다. 즉, 여전히 아낙 자손이 가나안에 버티고 있었고, 그들에게도 어린 자녀들이 있었습니다. 그리고 가나안에서 유월절 제사를 드린 이후 만나도 그친 상태였습니다. 만나세대들의 입장에서는 군량미가 끝이 난 것입니다. 지도자는 모세의 시종 여호수아이고, 아마 가나안 족속들은 40여 년 전보다 더 견고한 대비를 했을 것입니다.

지혜창고

변화의 힘 / 하나님의 말씀은 사람을 변화시키는 힘이 있다. 말씀의 능력은 그 어떤 사람의 마음도 바꿀 수 있다.

한마디로, 객관적인 전력(戰力)을 따진다면, 부모세대가 더 나은 조건을 가지고 있었던 것입니다.

그러나 출애굽세대들은 하나님에 대한 불신과 불순종으로, 결국 가나안을 보지 못하고 죽었고, 만나세대들은 전쟁이 하나님께 속한 것이라는 믿음과 순종으로 끝내 그 땅을 차지할 수 있었습니다. 새로운 도전을 통해서 5백 년 약속의 성취를 이뤄낸 것입니다.

이렇게 진행된 가나안 정복은 단순한 정복전쟁이 아니라 하나님께 순종함으로써 승리한 전쟁입니다. 이제부터 이루어지는 땅의 분배는 창세기 12장에서 아브라함에게 주신 이후 계속 되풀이되던 하나님의 약속이 드디어 온전히 성취되는 감격스러운 장면입니다.

하나님의 계획

약속의 스케일 / 하나님께서 아브라함에게 자손과 땅에 대한 약속을 주셨다. "내가 너로 큰 민족을 이루겠다."라는 아브라함과의 약속은 출애굽기 1장에서 성취되었다. 그리고 땅에 대한 약속의 성취는 실질적으로 여호수아서에서 확인할 수 있다. 우리는 하루 계획도 제대로 못 지키기가 다반사이고, 일주일, 한 달, 일 년 후의 약속을 지키는 것은 참으로 힘든 일이다. 그러나 하나님께서는 5백여 년 전의 약속도, 1천여 년 앞의 계획도 꼭 이루어 가시는 분이시다.

보석찾기 ○●●

가나안 점령이라는 큰일을 앞두고 40여 년 전 출애굽세대들이 했던 말[민 14:1-3]과 그들의 자녀들인 만나세대들이 이루어낸 결과[수 10:40]를 각각 적고, 두 세대의 차이가 무엇인지 생각해 봅시다.

마음나누기 ○●●

전에는 불가능하게 보이던 일이었는데, 하나님을 철저히 신뢰하면서 재도전하여 멋지게 성취를 이루어낸 경험이 있습니까?

기도 ○●●

거룩하신 하나님, 이스라엘이 약속의 땅 가나안을 정복하는 위대한 역사를 이뤄낼 수 있었던 것은 믿음과 순종의 결과요, 하나님의 은혜의 결과였습니다. 우리도 하나님의 명령에 순종하여 승리하는 인생을 살게 하옵소서.

숲이야기 2

순종의 땅, 행복의 단비

여호수아 13-24장, 사사기 1장-2:10

나무 63

합당한 분배와 특권

수 13-14장

찬양 **찬송가 –** 394장 · 주를 앙모하는 자
찬　양 – 주님이 주신 땅으로

기도 이 시간, 말씀을 통독하는 가운데 하나님의 마음과 뜻을 깨달아 알 수 있도록 지혜를 주옵소서.

마음열기 한정된 물건을 여러 사람들이 원하고 있을 때, 당신이 자주 선택하는 분배방법은 무엇입니까?

함께읽기 함께 여호수아 14장을 읽어봅시다.

친해지기 이스라엘은 가나안 땅을 제비뽑기를 통해서 분배합니다. 그런데 오직 한 사람만이 자기가 원하는 땅을 청하여 분배받을 수 있었습니다. 그는 누구이며, 그러한 특권을 주장할 수 있었던 이유는 무엇입니까?

가나안 땅 정복을 어느 정도 마친 후, 각 지파는 자신들이 거주할 땅을 정합니다. 이때 하나님께서 허락하신 분배 방법은 힘겨루기가 아니라, 제비뽑기였습니다. 제비뽑기를 통한 분배가 끝나면 삶의 영역을 확실하게 선언한 것이므로 더 이상 바꿀 수 없습니다.[수 14:2; 민 26:52-56; 33:54]

지혜창고

제비 / 제비 뽑아서 나눈다는 것은 힘센 사람이 좋은 곳을 먼저 소유한다는 것이 아니다. 제비뽑기라는 말 속에는 하나님의 소유권을 인정한다는 의미가 담겨 있으며 토지공개념도 담겨 있다.

그러나 오직 한 사람, 갈렙만은 이 원칙에서 예외였습니다. 가데스 바네아에서 모든 백성이 가나안 정복을 포기하고 애굽으로 돌아가자고 주장하던 그때, 갈렙은 목숨을 걸고 백성들을 설득하기 위해 나섰던 사람입니다. 그 일로 인하여 갈렙에게는 가나안 정복 후 그가 차지할 땅을 선택할 수 있는 권한이 주어졌습니다.[신 1:36] 이제 실제로 땅을 분배하는 시점에, 갈렙이 자기의 가족 및 친지들과 함께 여호수아에게로 나옵니다. 그리고 그는 여호수아에게 자신이 과거에 부여받은 특권을 상기시킵니다.[수 14:6-12]

하나님의 계획

분배 / 가나안 땅의 정복이 아직 끝나지 않았지만 레위 지파를 뺀 나머지 지파가 땅을 기업으로 받았다. 여호수아서 12장에서는 모세와 여호수아를 통해 정복한 땅들이 열거되지만 여호수아서 13장에서는 정복되지 않은 땅에 대한 분배가 이루어지고 있다. 이는 여호수아가 아브라함에게 약속하셨던 "애굽 강가에서 큰 강 유브라데까지(창 15:18)" 네 자손에게 주리라는 내용을 구체화시킨 것이다.

"이제 보소서 여호와께서 이 말씀을 모세에게 이르신 때로부터 이스라엘이 광야에서 방황한 이 ( ) 년 동안을 여호와께서 말씀하신 대로 나를 생존하게 하셨나이다 오늘 내가 팔십오 세로되 ( )가 나를 보내던 날과 같이 오늘도 내가 여전히 강건하니 내 힘이 그 때나 지금이나 같아서 싸움에나 출입에 감당할 수 있으니 그 날에 여호와께서 말씀하신 이 ( )를 지금 내게 주소서 당신도 그 날에 들으셨거니와 그 곳에는 아낙 사람이 있고 그 성읍들은 크고 견고할지라도 여호와께서 나와 함께 하시면 내가 여호와께서 말씀하신 대로 그들을 쫓아내리이다 하니" 수 14:10-12

☑ 알아두기

헤브론 / '헤브론'은 '연합, 동맹'이라는 뜻을 가지고 있다. 헤브론은 하나님의 백성이 하나님과 연합함을 의미한다. 헤브론은 일찍이 하나님과 동행한 아브라함이 제단을 쌓은 곳이며, 또한 그가 살다가 매장된 곳이다. 이제 갈렙의 몫으로 주어진 헤브론은 이스라엘 역사에서 계속하여 종교적 의미를 갖게 된다. 이곳은 도피성이었으며, 다윗이 수도를 예루살렘으로 옮긴 후에도 예배의 중심지로 남아 있었다.

여호수아에게 있어서 땅 나누기는 정말 쉽지 않은 임무였습니다. 제일 좋은 땅을 갖고 싶은 것이 인지상정인데 정복한 땅은 한정되어 있으니, 모두에게 불만이 없게끔 땅 분배를 해야 할 책무를 맡고 있는 여호수아로서는 갈렙이 어떤 선택을 할지 가슴 졸였을 것입니다. 그런 만큼, 이미 정복한 땅 중에서 얼마든지 산 좋고 물 좋은 옥토를 선택할 수 있는 갈렙이 아직 정복하지 못한 헤브론 땅을 두고 "이 산지를 내게 주소서!"라고 말했을 때, 여호수아는 오랜 친구 갈렙이 참으로 고맙고 든든했을 것입니다.

지금 갈렙의 이 선택은 가나안 땅 분배의 기본 정신이 되어 평화롭고 합리적으로 땅을 분배할 수 있는 분위기를 형성하는 데에 크게 기여합니다. 이처럼 갈렙에게는 아직 정복하지 못한 산지인 헤브론이 기업으로 주어졌고 그가 정복한 헤브론은 이후 다윗이 유다 지파로부터 왕으로 세움을 받는 중요한 장소가 됩니다.

보석찾기

가나안을 점령한 이스라엘 백성들이 가나안 땅을 나누는 방법은 크게 두 가지였습니다. 그 두 가지가 무엇인지 여호수아 14장 1-2절과 6-9절을 참고하여 찾아 적어봅시다.

마음나누기

당신에게 이미 주어진 특권은 무엇이며, 나아가 개척해야 할 산지는 어디입니까?

기도

신실하신 하나님, 저희에게 궁극적인 구원과 승리를 베풀어 주시는 은혜를 찬양합니다. 특권을 사명으로 바꾸어, 험한 산지를 향해 담대히 발걸음을 내디뎠던 갈렙처럼, 하나님의 도우심을 향한 절대적인 믿음과 충성을 갖게 하옵소서.

나무 64

삶의 터전, 하나님의 복

수 15-24장

찬양

찬송가 – 442장 · 선한 목자 되신 우리 주
찬 양 – 날 구원하신 주 감사

기도

이 시간, 말씀을 통독하는 가운데 하나님의 마음과 뜻을 깨달아 알 수 있도록 지혜를 주옵소서.

마음열기

가정과 학교, 직장 등, 현재 당신이 누리고 있는 삶의 터전이 하나님께서 베푸신 은혜의 장소임을 느끼고 있습니까?

함께읽기

함께 여호수아 21장을 읽어봅시다.

친해지기

이스라엘 12지파 중 레위 지파는 48개의 성읍들에 흩어져 살게 됩니다. 그들이 다른 지파들과는 달리 이스라엘 각 지파 중에서 흩어져 살게 된 이유는 무엇입니까?

삶의 터전 확보, 이것은 하나님의 크신 은혜요, 만나세대들의 순종이 만든 결과입니다. 하나님의 은혜와 만나세대들의 순종이 묶여졌을 때 놀라운 복이 뒤를 이은 것입니다.

아브라함이 땅에 대한 약속을 받은 이래로, 그 약속의 땅을 향한 긴 여행이 있었습니다. 드디어 그 긴 여행 끝에 약속의 땅이 모든 지파에게 돌아가게 됩니다. 땅의 분배는 2차 인구조사[민 26장]를 근거로 합니다. 만약 광야 생활 중에 인구조사를 미리 해놓는 준비가 없었다면 땅을 공정하게 나누는 데에 많은 어려움이 생겼을 것입니다.

"그 사람들이 일어나 떠나니 여호수아가 그 땅을 그리러 가는 사람들에게 명령하여 이르되 가서 그 땅으로 두루 다니며 그것을 그려 가지고 내게로 돌아오라 내가 여기 실로의 여호와 앞에서 너희를 위하여 제비를 뽑으리라 하니 그 사람들이 가서 그 땅으로 두루 다니며 성읍들을 따라서 일곱 부분으로 책에 그려서 실로 진영에 돌아와 여호수아에게 나아오니 여호수아가 그들을 위하여 실로의 여호와 앞에서 제비를 뽑고 그가 거기서 이스라엘 자손의 분파대로 그 땅을 분배하였더라"[수 18:8-10]

이스라엘 자손 모두의 땅 분배를 마친 후에 지도자 여호수아가 마지막으로 땅을 분배받습니다. 공동체의 지도자가 맨

☑ 알아두기

남아 있는 땅 / 아직 다 정복하지 못하고 남은 땅들이 있었는데(수 13:1-6; 삿 3:1-3) 블레셋이 거주하던 지중해 북서부에서부터 갈릴리 북쪽 전 지역, 갈릴리 바다를 끼고 오른쪽으로 동전모양으로 붙어 있는 그술이라는 땅 등이었다. 블레셋은 워낙 호전적인 해양민족이었고, 갈릴리 북부의 산지 거인(네피림, 아낙 자손)들은 철기와 전차부대를 가진 강한 민족들이었기 때문이다(삿 1:19). 이 지역들은 다윗 시대에 가서야 완전히 정복된다.

처음이 아닌 맨 마지막에 땅을 분배받았다는 사실은 눈여겨 봐야할 부분입니다.

"이스라엘 자손이 그들의 경계를 따라서 기업의 땅 나누기를 마치고 자기들 중에서 눈의 아들 여호수아에게 기업을 주었으니 곧 여호와의 명령대로 여호수아가 요구한 성읍 에브라임 산지 딤낫세라를 주매 여호수아가 그 성읍을 건설하고 거기 거주하였더라" 수 19:49-50

이스라엘 12지파에게 땅을 다 분배한 후 레위 지파에게도 땅을 분배합니다.수 21장 이스라엘 전역 중 48개의 성읍이 주어집니다. 이는 하나님께서 당신께 바쳐진 레위 자손들을 책임지시는 모습을 보여 주는 것입니다. 땅을 분배받은 레위 자손들은 야곱의 유언창 49장과 하나님의 명령대로민 35장 이스라엘 각 지파 중에 흩어져 살게 됩니다. 이들이 흩어지는 이유는 사명 때문입니다. 이스라엘 백성을 대표하여 하나님을 섬기는 일을 맡은 레위인들은 여러 지역에 흩어져 하나님의 말씀을 가르쳐야 했기 때문입니다. 제사장 나라로서의 사명을 위해 이스라엘은 가나안에 정착했고, 그 중심에 하나님께 헌신된 레위인이 있었습니다.

"여호와께서 이스라엘의 조상들에게 맹세하사 주리라 하신 온 땅을 이와 같이 이스라엘에게 다 주셨으므로 그들이 그것을 차

☑ 알아두기

레위지파 성읍(민 35장, 신 4, 19장, 수 20-21장)
- 6개의 도피성 + 42개 성읍 = 총 48개
- 제사장 아론 자손의 성읍은 13개 성읍과 성읍 사면의 들

요단 동편		요단 서편	
도피성	지파	도피성	지파
베셀	르우벤	갈릴리 게데스	납달리
길르앗 라못	갓	세겜	에브라임
바산 골란	므낫세	기럇 아르바(헤브론)	유다

지하여 거기에 거주하였으니 여호와께서 그들의 주위에 안식을 주셨으되 그 조상들에게 맹세하신 대로 하셨으므로 그들의 모든 원수들 중에 그들과 맞선 자가 하나도 없었으니 이는 여호와께서 그들의 모든 원수들을 그들의 손에 넘겨주셨음이니라 여호와께서 이스라엘 족속에게 말씀하신 선한 말씀이 하나도 남음이 없이 다 응하였더라" 수 21:43-45

한편, 이제까지 모세와의 약속대로 가나안 전쟁의 선봉에 섰던 르우벤, 갓, 므낫세 반 지파는 이미 그들에게 주어진 터전, 요단 동편으로 귀환합니다. 수 22장

> "그 때에 여호수아가 르우벤 사람과 갓 사람과 므낫세 반 지파를 불러서…… 이제는 너희의 하나님 여호와께서 이미 말씀하신 대로 너희 형제에게 (   )을 주셨으니 그런즉 이제 너희는 여호와의 종 모세가 요단 저쪽에서 너희에게 준 소유지로 가서 너희의 장막으로 돌아가되 오직 여호와의 종 모세가 너희에게 명령한 명령과 율법을 반드시 행하여 너희의 하나님 여호와를 (   )하고 그의 모든 길로 행하며 그의 계명을 지켜 그에게 친근히 하고 너희의 마음을 다하며 성품을 다하여 그를 섬길지니라 하고 여호수아가 그들에게 (   )하여 보내매 그들이 자기 장막으로 갔더라" 수 22:1-6

모세의 뒤를 이어 이스라엘의 지도자로서 땅에 대한 약속을 성취해 낸 여호수아의 인생도 저물어 가고 있습니다. 자신의 삶이 다 되어 가는 시점에 여호수아 역시 모세처럼 안타

까운 마음을 담아 백성들에게 당부합니다.

"오직 너희의 하나님 여호와께 가까이 하기를 오늘까지 행한 것 같이 하라"수 23:8

"그러므로 스스로 조심하여 너희 하나님 여호와를 사랑하라"수 23:11

어디선가 들은 적이 있는 말씀입니다. 바로 이스라엘을 위해 한평생을 헌신했던 모세가 그의 삶을 마감하며 진심어린 마음으로 이스라엘 백성에게 남겼던 말입니다.신 6:5 모세는 그의 평생 하나님을 사랑했던 사람이었고, 바로 그 사랑을 이스라엘 백성들에게 요구했습니다. 모세의 말을 다 들었던 여호수아가 이제는 모세의 그 마음을 품고 또다시 간절한 당부의 말을 전하고 있습니다. 스승 모세를 본받아 하나님을 깊이 사랑했던 여호수아도 이 말씀 외에 더 중요한 말을 찾지 못한 것입니다. "하나님을 사랑하라"는 두 지도자의 공통된 당부는 이후 이스라엘이 나아갈 삶의 방향이 됩니다.

보석찾기 ○●●

여호수아 23장에 나오는 여호수아의 마지막 말 중에서 여호수아가 이스라엘 백성들에게 간절히 당부한 내용들은 무엇인지 세 가지만 찾아 적어봅시다.(예. 6, 8, 11절 등)

마음나누기 ○●●

하나님께서 주신 삶의 터전을 더욱 아름답게 만들기 위해 당신이 이웃과 분배하고 나눌 수 있는 것들에는 어떤 것들이 있습니까?

기도 ○●●

존귀하신 하나님, 최후의 순간까지도 하나님을 사랑하라고 외쳤던 여호수아의 믿음을 기억합니다. 사라지는 아침 안개 같은 세상 쾌락을 좇기보다는 하나님의 말씀에 순종하고 하나님만 사랑함으로써 참된 기쁨을 얻게 하옵소서.

나무 65

남겨진 과제

삿 1장-2:10

찬양

찬송가 – 382장 · 허락하신 새 땅에
찬　양 – 주께서 주신 동산에

기도

이 시간, 말씀을 통독하는 가운데 하나님의 마음과 뜻을 깨달아 알 수 있도록 지혜를 주옵소서.

마음열기

당신은 해결해야 할 과제를 미처 다하지 못해, 아쉬움을 간직한 채 시간을 보내 본 적이 있습니까?

함께읽기

함께 사사기 1장을 읽어봅시다.

친해지기

만나세대는 가나안 땅에 정착하여 살아가게 됩니다. 하지만 그들에게는 가나안을 완전히 정복하는 일이 과제로 남겨져 있습니다. 아직 정복하지 못한 가나안 거민들은 누구인지 찾아 적어봅시다.

말씀의 숲길로 ○●●

이스라엘 백성들에게 전해진 하나님의 비전은 이제 그들이 정착한 가나안 땅에서 하나님의 백성으로 멋지게 살아가는 것입니다. 그러나 아직 이스라엘 공동체는 가나안 땅에 완전히 정착하지 못하였고, 개척해야 할 땅도 많이 남아 있었습니다. 이스라엘 백성들은 각 지파별로 정복 및 개척 사업을 계속하여 추진합니다.

"유다가 그의 형제 시므온에게 이르되 내가 제비 뽑아 얻은 땅에 나와 함께 올라가서 가나안 족속과 싸우자 그리하면 나도 네가 제비 뽑아 얻은 땅에 함께 가리라 하니 이에 시므온이 그와 함께 가니라 유다가 올라가매 여호와께서 가나안 족속과 브리스 족속을 그들의 손에 넘겨 주시니 그들이 베섹에서 만 명을 죽이고" 삿 1:1-4

그러면서 이스라엘은 가나안 땅 곳곳에 정착해 가기 시작합니다. 그들은 하나님의 말씀에 대한 순종, 그리고 치열한 전투에서 용기와 힘을 다한 결과로 이 새로운 땅에서 행복의 단비를 맛보게 됩니다. 더 이상 천막을 치고 거두며 옮겨 다니는 유랑 생활을 하지 않아도 됩니다. 안전하고 튼튼한 집을 짓고, 논밭을 일구어 수확물을 거두면서, 그들은 말할 수 없을 만큼 큰 감격과 기쁨을 누렸을 것입니다.

또한 만나세대들은 이전에 가나안 땅에 팽배하던 패역하고

αΩ 원어해설

예루샬라임 יְרוּשָׁלַםִ
: 예루살렘 (삿 1:21) / '예루샬라임'은 '하나님께서 세우셨다'는 뜻을 지닌 '예루엘'과, '회복, 화해, 평화조약 체계'란 뜻을 가진 '샬렘'에서 유래했으며, '평화의 터전'을 의미한다. 이스라엘 백성들은 원래의 가나안 도시국가 명칭인 예루살렘을 그대로 이어받았다. 다윗이 그곳을 점령한 후에도 그 도성은 그 이름을 갖고 있었다. 시온과 예루살렘 그리고 다윗 성은 때때로 같은 것을 의미한다.

못된 습관들을 물리치고, 하나님을 잘 섬기는 믿음의 공동체를 든든히 이루어 갑니다. 광야학교 40년 동안 모세를 통해 교육받은 결과라 할 수 있습니다. 이러한 모습, 즉 하나님께서 그들에게 주신 율법대로 거룩한 공동체를 이루어 열방 모든 족속 가운데 제사장 나라가 되는 것이 바로 하나님께서 그들을 출애굽시켜 가나안 땅으로 이끄신 근본 목적입니다. 만나세대들은 바로 이러한 하나님의 뜻에 부합되는 삶을 살고자 노력하는 모습을 보여줍니다.

그러나 사사기 1장 27-36절에는 이스라엘 백성들이 미처 다 쫓아내지 못하여 가나안 땅에 그대로 머물러 사는 여러 거민들의 이름이 등장합니다. 아직 정복하지 못한 가나안 족속들이 있는 것입니다.

> "므낫세가 벧스안과 그에 딸린 마을들의 주민과 다아낙과 그에 딸린 마을들의 주민과 돌과 그에 딸린 마을들의 주민과 이블르암과 그에 딸린 마을들의 주민과 므깃도와 그에 딸린 마을들의 주민들을 쫓아내지 못하매 (   ) 족속이 결심하고 그 땅에 거주하였더니 이스라엘이 (   ) 후에야 가나안 족속에게 (   )을 시켰고 다 쫓아내지 아니하였더라" 삿 1:27-28

이것은 만나세대들에게 아직 남겨져 있는 중요한 과제였습니다. 약속의 땅에서 거룩한 백성 제사장 나라로 살아가기 위해서는 반드시 정리해야 할 기초사항이었습니다.

보석찾기

여호수아가 죽은 이후 사사가 된 옷니엘의 역할을 사사기 1장 11-15절에서 찾아 적어봅시다.

마음나누기

선배들이 남겨 놓은 과제는 후배들이 하나님께 복을 받고 선배들의 신앙을 잘 계승할 수 있도록 돕는 하나의 통로가 될 수도 있습니다. 혹시 당신에게 그런 과제로 남겨진 것들이 있습니까?

기도

사랑과 은혜가 풍성하신 하나님, 하나님의 크신 도우심 가운데 오늘 저희의 삶이 있음을 고백합니다. 저희에게 맡겨주신 사명들을 책임 있게 감당케 하시고, 저희가 놓인 자리를 하나님의 뜻이 이루어지는 곳으로 만들어가는 일에 소망과 열정을 품게 하옵소서.

숲이야기 3

잊혀진 부탁

사사기 2:11-21장

나무 66

계속되는 어두운 터널

삿 2:11-5장

찬양 **찬송가 –** 335장 · 양 떼를 떠나서
찬 양 – 마음이 상한 자를

기도 이 시간, 말씀을 통독하는 가운데 하나님의 마음과 뜻을 깨달아 알 수 있도록 지혜를 주옵소서.

마음열기 당신은 후손들에게 가장 먼저, 가장 중요하게 교육해야 할 것은 무엇이라고 생각하십니까?

함께읽기 함께 사사기 2장 11-23절을 읽어봅시다.

친해지기 가나안 땅에 정착한 만나세대의 뒤를 이은 다음 세대들은 차츰 어두운 시대를 빚어내고 맙니다. 그들이 지은 죄악들은 어떤 것들입니까?

안타깝습니다. 이제 시대는 어두운 터널로 들어갑니다. "주의 말씀은 내 발에 등이요 내 길에 빛" 시 119:105이라고 하였는데, 등이 꺼져 버렸으니 캄캄할 수밖에 없습니다.

사사 시대의 암흑기는 우상숭배와 불순종으로 가득합니다. 하나님의 기대와는 반대로, 이스라엘 백성들은 그 땅에서 하나님의 백성다운 삶을 살지 못합니다. 그들이 완전히 정복하지 못한 가나안 족속들은 그들에게 가시와 올무가 되었으며, 이스라엘을 빠른 속도로 가나안 문화와 우상숭배에 빠지게 하는 요인이 됩니다. 삿 2:2-3

여호와 하나님을 알지 못하면 결국 불행해집니다. 창세기부터 여호수아서까지 통독하며 만났던 하나님, 놀랍도록 자비하시며, 사람과 사람 사이의 깊고 넓은 배려를 원하시는 하나님. 그 하나님을 섬기는 것이 사는 길이고 행복한 길인데, 사사 시대 백성들은 그 하나님을 섬기지 않고 있습니다. 대체 그 이유는 무엇입니까?

> "백성이 (   )가 사는 날 동안과 여호수아 뒤에 생존한 장로들 곧 여호와께서 이스라엘을 위하여 행하신 모든 큰일을 (   ) 자들이 사는 날 동안에 여호와를 섬겼더라 … 그 세대의 사람도 다 그 조상들에게로 돌아갔고 그 후에 일어난 다른 세대는 (   )를 알지 못하며 여호와께서 이스라엘을 위하여 행하신 일도 알지 못하였더라" 삿 2:7-10

지혜창고

각종 우상들 / 사사 시대에 이스라엘이 섬겼던 우상의 이름들이 나열되어 있다. 바알, 아스다롯, 아람의 신들, 시돈의 신들, 모압의 신들, 암몬의 신들, 블레셋의 신들…. 정작 그들을 구원하신 하나님은 섬기지 아니하고, 눈에 보이는 온갖 우상들은 손에 잡히는 대로 섬기고 있는 이스라엘 백성들이 참으로 답답하기만 하다.

메시지

교육 부재 / 모세는 "하나님을 사랑하라(신 6:5)."라는 말씀과 함께 자녀들에 대한 교육도 강조하여 당부했다. "네 자녀에게 부지런히 가르치며 집에 앉았을 때에든지 길을 행할 때에든지 누웠을 때에든지 일어날 때에든지 이 말씀을 강론할 것이며(신 6:7)." 그런데 이스라엘을 가나안으로 인도하신 하나님의 큰 역사를 목도한 세대들이 그 후손들에게 하나님을 바르게 가르치지 않은 것이다. 그 결과는 다음 세대들의 타락과 이탈이었다.

메시지

자녀교육의 중요성 / 이스라엘 백성들이 가나안 땅에 들어가 살면서 자녀교육을 열심히 하였을 것이다. 그러나 그 교육의 내용이 문제다. 세상에서 잘 살기 위한 방법은 가르치면서 하나님을 가르치지 않았던 것이다. 그 결과, 그의 자녀들은 하나님을 알지 못했고, 결국 그런 신앙 교육의 부재는 어두운 350년의 사사 시대를 만들어내게 된다.

"그 후에 일어난 다른 세대", 즉 여호와께서 행하신 큰일을 보지 못한 세대는 여호와를 알지 못했다는 것입니다. 바로 이것이 이스라엘이 하나님을 멀리하며, 암흑의 시대를 초래하는 비극의 원인입니다. 모세가 얼마나 줄기차게 자녀교육을 강조하였습니까? 하나님 교육, 율법 교육! 신명기에서 모세가 신신당부했고,[신 6:4-9; 11:18-21; 31:10-13] 여호수아도 죽기 전에 이스라엘 백성들을 모아 놓고 다시 한 번 강조하였습니다.[수 23:6] 가나안 땅에 자리를 잡은 이스라엘 백성들은 아마도 농사짓는 법, 집을 건축하는 법, 맛있는 음식을 만드는 법에 대해서는 열심히 교육했을 것입니다. 그런데 문제는 신앙교육을 소홀히 여겼다는 것입니다. 교육의 부재는 결국 다음 세대들이 하나님을 떠나는 불행한 결과를 가져오고 말았습니다. 만나세대들의 자녀교육 실패! 이것은 사사 시대의 어두운 그림자가 되어 후손들의 불행을 초래합니다.

지혜창고

그들만의 찬양 / 홍해를 건넌 후 이스라엘 전체가 하나님을 찬양했던 것(출 15장)과는 달리 드보라와 바락의 찬양은 온 이스라엘의 찬양이 되지 못했다. "이스라엘 자손이 또 여호와의 목전에 악을 행하였으므로…" 드보라와 바락의 찬양이 어두운 사사 시대를 광명의 시대로 인도하는 계기가 되지는 못했다.

이스라엘 백성의 어이없는 죄악상을 보시며 가슴 치시는 하나님께서는 이들을 깨우치고 바로 세우기 위하여 끊임없는 징계와 용서를 되풀이하십니다. 그러나 이방 족속의 학대와 억압을 받을 때만 하나님을 찾고, 위기에서 놓임을 받으면 다시 죄악의 길로 들어서는 이스라엘의 모습은 답답하고 한탄스럽기만 합니다.

보석찾기 ○ ● ●

만나세대의 자녀들이 여호와 하나님을 알지 못했던 이유를 사사기 2장 7-10절에서 찾아 적어봅시다.

마음나누기 ○ ● ●

현재 한국 교회에서 행해지는 신앙 교육의 미흡한 점들을 생각해보고, 그것을 보완하기 위한 대안은 무엇일지 이야기해 봅시다.

기도 ○ ● ●

하나님의 은혜를 망각하고 다시금 죄악으로 빠져들었던 이스라엘과 같이, 무지하고 교만했던 저희의 모습을 회개합니다. 강퍅하고 완악한 모습들을 버리고 전심으로 하나님만 섬기게 하소서.

나무 67

3백 용사를 부르심

삿 6-9장

찬양 **찬송가 –** 401장 · 천성을 향해 가는 성도들아
찬 양 – 아무 것도 두려워 말라

기도 이 시간, 말씀을 통독하는 가운데 하나님의 마음과 뜻을 깨달아 알 수 있도록 지혜를 주옵소서.

마음열기 당신이 누군가에게 중요한 일을 맡기고자 할 때, 사람을 선택하는 기준은 주로 무엇입니까?

함께읽기 함께 사사기 7장을 읽어봅시다.

친해지기 하나님께서는 7년 동안 미디안의 압제를 받는 이스라엘을 구원하시기 위해 기드온을 사사로 세우시고, 기드온은 하나님의 명령에 따라 3백 용사를 세웁니다. 기드온과 3백 용사가 미디안을 물리친 방법은 무엇입니까?

이스라엘 자손이 또 여호와의 목전에 악을 행하여 7년 동안 미디안으로부터 압제를 받게 됩니다. 모든 농가는 수탈을 당하고, 이스라엘 백성들은 산에 굴을 뚫어 피신하며 살고 있었습니다. 이때 하나님께서 이스라엘을 구원하시기로 작정하십니다.

하나님께서 미디안의 손에서 이스라엘을 구원할 사사로 기드온을 부르십니다. 두려워하며 자신 없어 하는 기드온에게 하나님은 "내가 반드시 너와 함께 하리니 네가 미디안 사람 치기를 한 사람을 치듯 하리라" 삿 6:16라고 말씀하시며 용기를 주십니다.

기드온을 사사로 세우신 하나님께서는 그에게 함께 싸울 용사들을 모집하라고 명하십니다. 기드온이 미디안에 대항해 싸울 사람들은 모두 일어나 모이라고 깃발을 들자, 3만 2천 명이라는 굉장한 수의 사람들이 모입니다. 기드온은 그 많은 숫자를 보고 힘이 났을 것입니다. 그런데 하나님께서는 모인 군사의 숫자의 너무 많다고 하십니다.

"여룹바알이라 하는 기드온과 그를 따르는 모든 백성이 일찍이 일어나 하롯 샘 곁에 진을 쳤고 미디안의 진영은 그들의 북쪽이요 모레 산 앞 골짜기에 있었더라 여호와께서 기드온에게 이르시되 너를 따르는 백성이 너무 많은즉 내가 그들의 손에 미디안 사람을 넘겨 주지 아니하리니 이는 이스라엘이 나를 거슬러 스스로 자랑하기를 내 손이 나를 구원하였다 할까 함이니라" 삿 7:1-2

사실 기드온을 비롯한 이스라엘 백성들의 두려움은 메뚜기처럼 많은 미디안 군대에 대한 것이었습니다. 그러나 이스라엘은 두려워할 까닭이 없습니다. 왜냐하면 하나님께서 그들과 함께하시기 때문입니다. 더 이상 군대의 숫자는 중요하지 않습니다.

하나님께서는 먼저, 마음 가운데 두려움이 있는 사람들은 다 돌려보내게 하십니다. 그러자 2만 2천명이 돌아가고 1만 명이 남습니다. 하나님께서는 기드온에게 남아있는 1만 명을 물가로 데리고 가서 물을 먹게 하고, 물을 먹는 방식에 따라 그들을 분류하라고 하십니다.

> "이에 백성을 인도하여 물가에 내려가매 여호와께서 기드온에게 이르시되 누구든지 개가 핥는 것 같이 혀로 물을 핥는 자들을 너는 따로 세우고 또 누구든지 (   )을 꿇고 마시는 자들도 그와 같이 하라 하시더니 (   )으로 움켜 입에 대고 핥는 자의 수는 삼백 명이요 그 외의 백성은 다 무릎을 꿇고 물을 마신지라 여호와께서 기드온에게 이르시되 내가 이 물을 핥아 먹은 (   ) 명으로 너희를 구원하며 미디안을 네 손에 넘겨 주리니 남은 백성은 각각 자기의 처소로 돌아갈 것이니라 하시니" 삿 7:5-7

3만 2천 명 가운데, 결국 남은 사람의 숫자는 처음 수의 백분의 일인 3백 명뿐입니다. 그런데 놀라운 것은 기드온이 이 적은 숫자의 군사로도 싸울 수 있다고 힘을 낼 뿐만 아니라, 뽑힌 군사 3백 명의 사기도 매우 높았다는 것입니다. 하나님께서 보여주신 확실한 증거를 믿고, 기드온은 횃불과 나팔로 싸우라는 하나님의 말씀에 순종합니다.

"기드온과 그와 함께 한 백 명이 이경 초에 진영 근처에 이른즉 바로 파수꾼들을 교대한 때라 그들이 나팔을 불며 손에 가졌던 항아리를 부수니라 세 대가 나팔을 불며 항아리를 부수고 왼손에 횃불을 들고 오른손에 나팔을 들어 불며 외쳐 이르되 여호와와 기드온의 칼이다 하고 각기 제자리에 서서 그 진영을 에워싸매 그 온 진영의 군사들이 뛰고 부르짖으며 도망하였는데 삼백 명이 나팔을 불 때에 여호와께서 그 온 진영에서 친구끼리 칼로 치게 하시므로 적군이 도망하여…" 삿 7:19-22

기드온과 3백 용사가 횃불을 들고 나팔을 불 때, 하나님께서 싸우셨습니다. 나팔을 분 것은 3백 명의 용사였지만, 미디안 군대가 아군끼리 칼로 치게 하신 분은 하나님이셨습니다. 하나님께서는 미디안과의 전투를 통해, 이방 민족의 우상을 무서워하고 미디안 군대의 거대한 숫자를 두려워하는 이스라엘 백성들에게 하나님께서 함께하신다면 그 어떠한 것도 두려워할 필요가 없다는 사실을 알려 주십니다.

결국 기드온과 3백 용사들은 하나님의 능력에 힘입어 수많은 미디안 군대를 물리칠 수 있었습니다. 이를 통해 오랫동안의 미디안의 압제에서 벗어나 민족 전체가 평안과 자유를 누리게 됩니다. 그럼에도 불구하고 하나님을 왕으로 모실 마음이 없는 백성들은 기드온이 살아 있을 때엔 기드온을 왕으로 삼고자 하고,[삿 8:22-23] 기드온이 죽자 하나님 대신 또다시 바알을 섬깁니다. 또한 사사기 9장에는 스스로 왕이 되려 하는 기드온의 아들 아비멜렉의 어리석음이 드러나고 있습니다. 하나님의 허락과 백성의 동의 없이 자신의 욕심으로 스스로 왕이 된 아비멜렉의 악행으로 사사 시대 불행의 골은 더욱 깊어져갑니다.

보석찾기 ○ ● ●

하나님께서 미디안과 싸우려고 모인 이스라엘 백성 3만 2천 명을 결국 3백 명으로 줄이십니다. 하나님께서 그 3백 명을 선택하시는 과정이 어떠한지 사사기 7장 2-7절을 읽고 정리해 봅시다.

마음나누기 ○ ● ●

하나님께서 기드온과 함께할 3백 용사를 뽑으신 기준은 '믿음(용기)'과 '조심성(지혜)'이었습니다. 그 기준을 당신에게 적용시켜 본다면, 두 가지 중 당신이 앞으로 좀 더 훈련해야 할 부분은 무엇입니까?

기도 ○ ● ●

전능하신 하나님, 죄로 가득한 이 세상을 살아갈 때에 미디안을 앞에 둔 기드온처럼 막막할 때가 있습니다. 그러나 오직 전능하신 하나님만을 믿고 나아감으로써 영적 싸움에서 승리하는 주의 군사들이 되게 하옵소서.

나무 68

진정한 지도자가 없다

삿 10-12장

찬양

찬송가 – 331장 · 나 주를 멀리 떠났다
찬　양 – 지금 우리는 마음을 합하여

기도

이 시간, 말씀을 통독하는 가운데 하나님의 마음과 뜻을 깨달아 알 수 있도록 지혜를 주옵소서.

마음열기

당신이 생각하는 훌륭한 지도자의 조건은 무엇입니까?

함께읽기

함께 사사기 10장을 읽어봅시다.

친해지기

사사 시대에 이스라엘이 긴 고난의 터널을 거쳐야 했던 이유는 그들이 하나님을 떠나 각종 우상을 섬겼기 때문입니다. 이스라엘은 어떤 우상들을 섬겼습니까?

말씀의 숲길로

하나님의 마음을 헤아리는 진정한 지도자가 없는 어두운 사사 시대가 계속됩니다. 야일이라는 사사가 있었는데, 그의 이력서는 다음과 같습니다.

"그 후에 길르앗 사람 야일이 일어나서 이십이 년 동안 이스라엘의 사사가 되니라 그에게 아들 삼십 명이 있어 어린 나귀 삼십을 탔고 성읍 삼십을 가졌는데 그 성읍들은 길르앗 땅에 있고 오늘까지 하봇야일이라 부르더라" 삿 10:3-4

전쟁 승리의 기록이 아닙니다. 첩을 많이 두어 자식이 삼십 명이나 된다는 것, 또 자기 가족들을 위해 많은 재산을 취했다는 것이 그의 이력서 내용의 전부입니다. 하나님의 말씀을 따라 백성을 이끌어야 할 지도자의 이력으로서는 참으로 실망스럽다 하지 않을 수 없습니다.

그런가하면, 또 다른 사사 입다는 "큰 용사" 삿 11:1로 인정받는 사람이었습니다. 그는 다른 사사들과 달리, 그들을 침범한 암몬 족속과 싸우기 전에 먼저 사자들을 보내 일전을 벌였습니다. 그는 이스라엘 민족이 광야생활을 끝내고 가나안으로 들어오면서 있었던 역사적 사실들을 구

☑ 알아두기 / 이스라엘의 사사들

	출신지파	재임기간	물리친 이민족(왕)
옷니엘	유다	40년	메소포타미아 (구산리사다임)
에훗	베냐민	80년	모압 (에글론)
삼갈	?	?	블레셋
드보라	에브라임	40년	가나안 (야빈)
기드온	므낫세	40년	미디안 (아비멜렉의 반란)
돌라	잇사갈	23년	
야일	길르앗 사람	22년	
입다	길르앗 사람	6년	암몬
입산	유다	7년	
엘론	스불론	10년	
압돈	에브라임	8년	
삼손	단	20년	블레셋

αΩ 원어해설

네데르 נֶדֶר

: 서원 (삿 11:30) / '네데르'는 '서원, 맹세, 서원제물'을 의미한다. 이는 인간이 하나님께 사람이나 물건을 바치겠다고 약속하는 것을 가리킨다. 이 약속은 하나님과 이루어지는 것이므로 어떠한 경우에도 지켜져야 했다. '네데르'는 하나님의 은총에 답하여 서원하거나, 경건한 열심과 헌신의 표현으로, 그리고 응답받은 기도에 찬양하며 서원하는 감사 제물의 일종이다.

체적으로 거론하며 암몬 왕의 잘못을 지적할 정도로 정확한 역사 지식과 안목을 갖추고 있었습니다. 하나님의 능력을 힘입었던 입다는 이스라엘을 암몬 자손의 손에서 구해낼 수 있었습니다. 하지만 전쟁을 잘 치르는 능력만으로는 죄악에 빠진 이스라엘을 하나님 앞으로 인도해낼 수 없습니다. 입다는 전쟁에서의 승리를 위해 경솔한 서원[삿 11:30-31]을 하였고, 그 결과 자신의 외동딸을 번제로 바쳐야만 하는 상황에 처하게 됩니다.

> "입다가 미스바에 있는 자기 집에 이를 때에 보라 그의 딸이 (　　　)를 잡고 춤추며 나와서 영접하니 이는 그의 무남독녀라 입다가 이를 보고 자기 옷을 찢으며 이르되 어찌할꼬 내 딸이여 너는 나를 참담하게 하는 자요 너는 나를 괴롭게 하는 자 중의 하나로다 내가 (　　　)를 향하여 입을 열었으니 능히 돌이키지 못하리로다 하니 딸이 그에게 이르되 나의 아버지여 아버지께서 여호와를 향하여 입을 여셨으니 아버지의 입에서 낸 말씀대로 내게 행하소서 이는 여호와께서 아버지를 위하여 아버지의 대적 (　　　) 자손에게 원수를 갚으셨음이니이다 하니라"[삿 11:34-36]

사람을 제물로 바치는 것은 이미 모세의 율법을 통해 하나님께서 금하신 일입니다.[레 20:2-3; 신 12:31] 입다는 길르앗 장로들이 찾을 만한 인물[삿 11:5-6]이긴 하였으나, 하나님께서 진정 찾으셨던 지도자는 아니었던 것입니다.

보석찾기 ○●●

사사 야일과 압돈의 주요 업적을 사사기 10장 3-5절과 12장 13-15절에서 찾아 적어봅시다.

마음나누기 ○●●

〈마음열기〉에서 당신이 꼽은 '훌륭한 지도자의 조건' 중에서 당신이 이미 갖추고 있는 것, 앞으로 더 갖추어 나가야 할 것은 각각 무엇입니까?

기도 ○●●

사랑과 긍휼이 충만하신 하나님, 이스라엘이 여전히 죄악 중에 있을 때에도 그들을 외면하지 않으시고 돌봐주셨던 큰 사랑을 깨닫습니다. 저희로 하여금 말씀으로 시대를 이끌어 갈 수 있는 하나님의 자녀들이 되게 하옵소서.

나무 69

기초가 무너진 사회

삿 17-21장

찬양 **찬송가** – 412장 · 우리는 주님을 늘 배반하나
찬　양 – 우리 오늘 눈물로

기도 이 시간, 말씀을 통독하는 가운데 하나님의 마음과 뜻을 깨달아 알 수 있도록 지혜를 주옵소서.

마음열기 우리 사회에서 결코 무너지면 안 된다고 생각되는 것, 즉 사회의 기초라고도 볼 수 있는 것은 무엇일지 한 가지씩만 이야기해 봅시다.

함께읽기 함께 사사기 17장을 읽어봅시다.

친해지기 사사 시대의 모습, 시대상을 보여주는 구절들을 찾아봅시다.

말씀의 숲길로

사사 삼손의 이야기를 살펴보기에 앞서, 사사 시대의 사회상을 먼저 살펴봅시다. 사사기 17-18장에 나오는 미가라는 사람의 이야기는 당시 사회가 얼마나 그 중심부터 무너져 있었는지를 말해줍니다.

무엇보다 사사 시대에는 레위인들이 생계를 꾸려갈 수 있도록 제물을 내어 놓는 사람들이 없었습니다. 하나님께 진실한 제사를 드리는 사람이 없는 사사 시대에 레위인은 스스로의 생계를 책임져야 했던 것입니다. 그래서 제사장과 레위인은 하나님을 섬기는 데에 집중할 수 없었고, 시대는 더욱 하나님을 떠나갔습니다.

☑ 알아두기

기초제도의 붕괴 / 모세의 율법에 의하면 제사장과 레위인은 하나님과 이스라엘 백성을 중보하면서 백성들이 가져오는 제물의 일부분을 취하여 살아가도록 되어 있다. 그러나 사사 시대에는 그렇지 못했다. 이것은 제사장과 레위인이 하나님을 섬기는 데 집중할 수 없었던 중요 이유 중 하나이다.

"유다 가족에 속한 유다 베들레헴에 한 청년이 있었으니 그는 레위인으로서 거기서 거류하였더라 그 사람이 거주할 곳을 찾고자 하여 그 성읍 유다 베들레헴을 떠나 가다가 에브라임 산지로 가서 미가의 집에 이르매 미가가 그에게 묻되 너는 어디서부터 오느냐 하니 그가 이르되 나는 유다 베들레헴의 레위인으로서 거류할 곳을 찾으러 가노라 하는지라 미가가 그에게 이르되 네가 나와 함께 거주하며 나를 위하여 아버지와 제사장이 되라 내가 해마다 은 열과 의복 한 벌과 먹을 것을 주리라 하므로 그 레위인이 들어갔더라" 삿 17:7-10

그런가하면 백성을 대표하여 하나님을 섬겨야 할 제사장이

메시지

오해 / 이스라엘이 이방의 우상을 섬기는 데 익숙하다보니, 이제는 하나님을 섬기는 것도 우상을 섬기는 것처럼 생각하고 있다. 미가가 만든 우상을 섬기며, 그 일을 하는 사람으로는 하나님께서 오래전부터 지명하여 선택하신 레위인을 사용하려 하니 도대체 이 신앙이 어디로부터 나온 것인지 그 출처를 알 수가 없다. 레위인은 마땅히 하나님의 말씀에 따라 백성을 지도해야 할 터인데, 그는 힘 있는 단 지파의 결정에 그저 따라갈 뿐이다. 그리고 미가의 집이나 단 지파의 사람들은 무조건 레위인을 시켜 제사만 드리게 하면 그들에게 복이 올 줄로 생각하는 것이다. 그 어디에도 모세를 통해 주신 율법의 바른 실천은 보이지 않는다.

스스럼없이 우상을 가지고 다닙니다.[삿 18:20] 뿐만 아니라 단 지파에서는 제사장직을 무슨 권세 있는 자리인양 제멋대로 부여하기도 했습니다.

"단 자손이 자기들을 위하여 그 새긴 신상을 세웠고 모세의 손자요 게르솜의 아들인 요나단과 그의 자손은 단 지파의 제사장이 되어 그 땅 백성이 사로잡히는 날까지 이르렀더라 하나님의 집이 실로에 있을 동안에 미가가 만든바 새긴 신상이 단 자손에게 있었더라"[삿 18:30-31]

하나님의 말씀이 무색해져 버린 시대에 하나님께서 거하실 성소나 그 성소를 지키는 제사장의 의미 또한 퇴색된 것입니다. 그러면서도 자신들의 행위가 무엇을 의미하는지조차 모르는 것은 하나님의 말씀을 잃어버린 그들의 낮은 수준 때문이었습니다.

"그 때에는 이스라엘에 왕이 없었으므로 사람마다 자기 소견에 옳은 대로 행하였더라"[삿 17:6]

이어지는 사사기 19-21장의 사건은 거룩한 사회를 세우기 위한 기초제도가 무너지고 이스라엘의 죄악이 갈수록 커져감을 보여줍니다. 하나님 섬기는 일을 도와야 할 레위인이 첩과 허송세월하며 시간을 보냅니다. 또한 기브아 사람들은 해가 저물어도 지나가는 나그네를 영접하지 않습니다. 그나마 한 노인이 유숙할 곳을 찾고 있는 레위인과 그 첩을 자신의 집으로 영접해 들입니다. 그런데 그 마을 비류들이 노인을 향해 나그네를 내어 놓으라고 협박합니다. 소돔과 고모라의 죄악창 19:1-11을 몇 백 년이 지난 지금 반복하고 있는 것입니다.

"그들이 마음을 즐겁게 할 때에 그 성읍의 불량배들이 그 집을 에워싸고 문을 두들기며 집 주인 노인에게 말하여 이르되 네 집에 들어온 사람을 끌어내라 우리가 그와 관계하리라 하니" 삿 19:22

레위인은 자신의 손으로 직접 자신의 첩을 불량배들에게 내어 줍니다. 그리고 다음 날 아침, 자신의 첩이 문에 엎드러져 죽어 있는 것을 발견합니다. 복수심에 불타오른 레위인은 자기 첩의 시체를 나귀에 싣고 집에 돌아와, 열두 덩이로 나누어 이스라엘 사방에 보냅니다.

> "그에게 이르되 일어나라 우리가 떠나가자 하나 아무 대답이 없는지라 이에 그의 시체를 나귀에 싣고 행하여 자기 곳에 돌아가서 그 집에 이르러서는 칼을 가지고 자기 첩의 시체를 거두어 그 마디를 찍어 (   ) 덩이에 나누고 그것을 (   ) 사방에 두루 보내매 그것을 보는 자가 다 이르되 이스라엘 자손이 애굽 땅에서 올라온 날부터 오늘까지 이런 일은 일어나지도 아니하였고 보지도 못하였도다 이 일을 생각하고 (   )한 후에 말하자 하니라"
>
> 삿 19:28-30

삶의 방식이 저급했던 기브아의 불량배들, 복수심에 불타 사명을 잊어버린 레위인, 율법의 내용 신 19:11-13을 무시하고 불량배들을 내놓지 않은 베냐민 지파의 장로들로 인해 이스라엘 사회가 큰 혼란에 빠져 버리고 맙니다. 민족 공동체인 이스라엘이 그만 동족끼리 살육하는 참상을 빚어 낸 것입니다.

"온 이스라엘 사람 중에서 택한 사람 만 명이 기브아에 이르러 치매 싸움이 치열하나 베냐민 사람은 화가 자기에게 미친 줄을 알지 못하였더라 여호와께서 이스라엘 앞에서 베냐민을 치시매 당일에 이스라엘 자손이 베냐민 사람 이만 오천백 명을 죽였으니 다 칼을 빼는 자였더라" 삿 20:34-35

"우리는 한 골육" 창 13장이라며 조카 롯과의 갈등을 해결했던 그들의 조상 아브라함과는 달리 그들은 문제 해결을 위해 바른 원칙을 세울 만한 수준이 되지 못했습니다. 이 일로 베냐민 지파의 장정 2만 5천여 명이 죽어, 베냐민 지파는 존폐 위기에 처하게 됩니다. 전투가 벌어지는 동안에는 앞뒤 가릴 것 없이 서로 죽이는 데에 열중했지만, 그 폭풍 같았던 시간이 흐른 뒤 돌이켜보니 말할 수 없는 참담함만 남았습니다.

보석찾기 ○ ● ●

베들레헴 출신의 한 레위인이 미가의 집 제사장에서 단 지파의 제사장으로 직책을 옮기는 이유가 무엇이었는지 사사기 17장 10절과 18장 19-20절, 26절 등을 참고로 하여 찾아 적어봅시다.

마음나누기 ○ ● ●

당신이 속한 공동체의 기초를 튼튼하게 세우기 위해서 당신이 공헌할 수 있는 부분은 무엇입니까?

기도 ○ ● ●

거룩하신 하나님, 그리스도의 몸 된 교회가 이 세상 속에서 맡은 역할을 제대로 감당해내길 원합니다. 이 땅의 교회와 그리스도인들이 하나님의 말씀 위에 바로 서게 하옵시고, 하나님께서 주신 직분과 사명에 충실한 하루를 보내게 하옵소서.

나무 70

나실인 삼손

삿 13-16장

찬양

찬송가 – 423장 · 나의 믿음 약할 때
찬 양 – 두 손 들고 찬양합니다

기도

이 시간, 말씀을 통독하는 가운데 하나님의 마음과 뜻을 깨달아 알 수 있도록 지혜를 주옵소서.

마음열기

누군가로부터 큰 기대를 받았지만, 그 기대에 부응하지 못해 아쉬웠던 경험이 있습니까?

함께읽기

함께 사사기 14장을 읽어봅시다.

친해지기

삼손은 하나님이 세우신 사사로서 블레셋 족속으로부터 이스라엘을 구하기는 했지만, 하나님의 기대에는 미치지 못하였습니다. 그의 가장 치명적인 문제는 무엇이었습니까?

삼손은 복 받은 사람이었고 여호와의 영이 함께한 사람이었습니다. 이런 삼손에게 맡겨진 두 가지 과제는 첫째, 이스라엘을 블레셋으로부터 해방시키는 것이요, 둘째, 여전히 이스라엘 전역에 만연해 있는 우상숭배를 근절하고 이스라엘을 하나님만 섬기는 민족으로 개혁하는 일입니다. 그런데 삼손은 블레셋과의 싸움에서 승리를 거두기는 하지만, 20년을 사사로 있으면서도 하나님의 기대에는 미치지 못하였습니다. 하나님과 이방 여인 사이에서 갈등하며, 마음을 정하지 못해 실패하는 삼손의 모습은 당시 하나님과 이방신 사이에서 마음을 정하지 못하던 이스라엘 백성들의 모습과도 흡사합니다.

αΩ 원어해설

나지르 נָזִיר

: 나실인 (삿 13:5) / '나지르'는 하나님에 의해서 구별된 거룩한 사람을 의미한다. 나실인들은 포도 산물을 먹지 말아야 하며, 머리를 자르지 말고, 시체에 접촉할 때 야기되는 의식상의 부정을 피해야 하는 의무를 지녔다(민 6:1-21). 나실인은 그 시대의 영적 지도자로서 영향력을 끼쳤으며, 종신 나실인과 임시 나실인이 있었다. 자신의 의지와는 상관없이 부모의 서원으로 나실인이 된 사무엘은 평생 주를 위하여 헌신했던 종신 나실인이었다. 삼손도 모태에서부터 성별된 종신 나실인이었다.

"들릴라가 삼손에게 이르되 당신의 마음이 내게 있지 아니하면서 당신이 어찌 나를 사랑한다 하느냐 당신이 이로써 세 번이나 나를 희롱하고 당신의 큰 힘이 무엇으로 말미암아 생기는지를 내게 말하지 아니하였도다 하며 날마다 그 말로 그를 재촉하여 조르매 삼손의 마음이 번뇌하여 ( ) 지경이라 삼손이 진심을 드러내어 그에게 이르되 내 머리 위에는 ( )를 대지 아니하였나니 이는 내가 모태에서부터 하나님의 ( )이 되었음이라 만일 내 머리가 밀리면 내 힘이 내게서 떠나고 나는 약해져서 다른 사람과 같으리라 하니라" 삿 16:15-17

결국 들릴라의 유혹에 넘어가 힘의 근원을 밝혀버린 삼손은

지혜창고

나실인 비교 / 성경에서 대표적인 나실인은 삼손과 사무엘이다. 삼손은 이스라엘을 괴롭히는 블레셋을 징벌하기 위한 하나님의 도구였지만, 자기 욕심에 이끌려 하나님의 기대에 부응하지 못했다. 그에 반하여 같은 나실인인 사무엘은 온전히 하나님의 기대를 만족시키기 위해 자신을 희생해가며 백성을 교육시키고 왕을 지도하는 등, 부단히 노력한 사람이다.

블레셋인들에게 잡혀 두 눈이 뽑히고 감옥에서 맷돌 돌리는 자가 됩니다. 생의 마지막 순간, 다시 한 번 하나님의 힘을 받은 삼손은 수많은 블레셋인들과 함께 죽으며 안타까운 최후를 맞이합니다.

사사기에 소개된 사건들과 인물들은 많은 백성들이 자기의 소견을 따라 행했던 당시의 시대상을 보여줍니다. 입다의 경솔한 서원,삿 11:30-31 입다와 에브라임의 전쟁,삿 12장 한 레위인의 첩의 죽음에서 빚어진 이스라엘 지파 간의 살육,삿 20장 총회에 불참한 길르앗 거민에 대한 처리 방식,삿 21:8-12 그리고 베냐민의 기업을 잇기 위해 그들이 꾸민 계책,삿 21:16-24 나실인의 삶을 소홀히 여겼던 삼손삿 13-16장까지, 이 모든 일 가운데 하나님의 마음을 온전히 흡족하게 할 만한 인물이나 사건은 없었습니다.

"그 때에 이스라엘에 왕이 없으므로 사람이 각기 자기의 소견에 옳은 대로 행하였더라" 삿 21:25

하나님의 백성으로서의 기본을 지키지 않았고, 하나님 앞에서 중심을 잡지 못한 이 시대의 이스라엘은 하나님의 큰 근심이 되었습니다.

보석찾기 ○ ● ●

삼손이 블레셋 여인 들릴라에게 자신의 비밀을 말하게 되기까지는 몇 번의 단계가 있었습니다. 사사기 16장 6-17절에서 그 단계를 찾아 정리해 봅시다.

마음나누기 ○ ● ●

삼손의 힘은 공동체를 위해 주신 하나님의 은혜였습니다. 그러므로 그 힘의 비밀은 섣불리 누군가에서 말해서는 안 되는 것이었지만, 삼손은 들릴라의 유혹에 넘어가고 맙니다. 당신은 이러한 유혹들을 물리치기 위해 어떠한 방법을 사용합니까?

기도 ○ ● ●

존귀하신 하나님, 창세 전에 저희를 택하셔서 하나님의 자녀로 삼아주신 것을 감사드립니다. 저희가 스스로의 능력을 의지하지 아니하고, 날마다 깨어 기도하는 믿음의 사람들이 되게 하옵소서.

숲이야기 4

교육의 성공사례

룻기

나무 71

아픔 가운데 성숙

룻 1장

찬양

찬송가 – 440장 · 멀리 멀리 갔더니
찬　양 – 아침 안개 눈앞 가리듯

기도

이 시간, 말씀을 통독하는 가운데 하나님의 마음과 뜻을 깨달아 알 수 있도록 지혜를 주옵소서.

마음열기

당신은 징계가 사랑의 영역에 속한다고 생각하십니까? 그렇게 생각하는 이유는 무엇입니까?

함께읽기

함께 룻기 1장을 읽어봅시다.

친해지기

모압 여인 룻은 장래에 대한 아무런 보장이 없는 상황에서 시어머니 나오미를 따랐습니다. 그 이유는 무엇입니까?

우리는 이미 사사기 통독을 통해 사사들이 치리하던 때가 캄캄한 암흑기요, 하나님을 떠난 시대라는 것을 알게 되었습니다. 그런데 룻기는 그런 시대 속에서도 꿋꿋이 피어나 향기를 내는 작은 들꽃 같은 이야기입니다.

"사사들이 치리하던 때에 그 땅에 흉년이 드니라 유다 베들레헴에 한 사람이 그의 아내와 두 아들을 데리고 모압 지방에 가서 거류하였는데 그 사람의 이름은 엘리멜렉이요 그의 아내의 이름은 나오미요 그의 두 아들의 이름은 말론과 기룐이니 유다 베들레헴 에브랏 사람들이더라 그들이 모압 지방에 들어가서 거기 살더니" 룻 1:1-2

하나님의 계획

징계 / 징계는 저주가 아닌 사랑이다. 진실로 사랑하지 않는 자에게는 징계를 내리지 않는다. 사사 시대의 흉년도 이스라엘을 돌이키시려는 하나님의 사랑의 한 방편이었다.

사사 시대에 흉년이 듭니다. 이 흉년은 이스라엘을 징계하시는 하나님의 방법이었습니다. 그런데 베들레헴 땅에 살던 한 가족, 즉 엘리멜렉과 나오미, 그들의 두 아들은 하나님의 징계를 피해 모압 땅으로 이주하였고, 아들들은 이방인인 모압 여인과 결혼까지 하였습니다. 하지만 당장의 기근을 피해 물질적 풍요를 누리고자 했던 그 가족의 행복은 그리 오래가지 못합니다.

얼마 못 가 남편도 잃고 두 아들도 잃은 나오미. 지난 10여 년 동안 가정, 물질, 자식 등 남들이 중요하게 여기는 것을 똑같이 중요하게 여겼습니다. 그런데 자기가 중요하다고 생각했던 것들이 다 자기 손에서 빠져나가 버리는 것을 경험합니다. 이것이 나오미라는 여인의 현재 형편입니다. 결국 그녀는 하나님을 찾습니다. 그래서 모압에서의 생활을 정리하고 자기 고향으로 돌아가기로 결심합니다. 그리고 그 결심을 며느리들에게 밝힙니다.

"나오미가 두 며느리에게 이르되 너희는 각기 너희 어머니의 집으로 돌아가라 너희가 죽은 자들과 나를 선대한 것 같이 여호와께서 너희를 선대하시기를 원하며 여호와께서 너희에게 허락하사 각기 남편의 집에서 위로를 받게 하시기를 원하노라 하고 그들에게 입 맞추매 그들이 소리를 높여 울며" 룻 1:8-9

괴나리봇짐을 들었던 세 여인이 동구 밖에 서서 한참을 웁니다. 사실 나오미는 며느리들에게 재혼의 길을 터 주고자 했던 것입니다. 이때 나오미는 자신의 이런 모든 처지는 하나님의 말씀을 잘 듣지 않아서라고 며느리들에게 고백합니다. 그런 자신 때문에 며느리들까지 같이 고생하는 것을 보니 더욱 마음이 아프다고 말합니다.

"내 딸들아 되돌아 가라 나는 늙었으니 남편을 두지 못할지라 가령 내가 소망이 있다고 말한다든지 오늘 밤에 남편을 두어 아들들을 낳는다 하더라도 너희가 어찌 그들이 자라기를 기다리겠으며 어찌 남편 없이 지내겠다고 결심하겠느냐 내 딸들아 그렇지 아니하니라 여호와의 손이 나를 치셨으므

로 나는 너희로 말미암아 더욱 마음이 아프도다 하매" 룻 1:12-13

함께 한참을 울던 며느리 오르바는 결국 친정으로 돌아갑니다. 그런데 룻은 돌아가지 않습니다. 룻이 말합니다.

> "룻이 이르되 내게 어머니를 떠나며 어머니를 따르지 말고 돌아가라 (　　　　　)하지 마옵소서 어머니께서 가시는 곳에 나도 가고 어머니께서 머무시는 곳에서 나도 머물겠나이다 어머니의 백성이 나의 백성이 되고 어머니의 하나님이 나의 (　　　　　)이 되시리니 어머니께서 죽으시는 곳에서 나도 죽어 거기 묻힐 것이라 만일 내가 (　　　　　) 일 외에 어머니를 떠나면 여호와께서 내게 벌을 내리시고 더 내리시기를 원하나이다 하는지라" 룻 1:16-17

늙은 시어머니를 따라가면 좋은 일이 생긴다는 보장도 없는데, 룻은 무엇 때문에 이토록 시어머니를 따르려고 하는 것입니까? 생각해 보건대, 첫째는 하나님 때문이고, 둘째는 시어머니 때문입니다. 사실 나오미의 가정은 하나님을 그렇게 신실하게 잘 믿지도 않았습니다. 나오미의 가정이 신앙생활을 열심히 하는 가정이었다면 처음부터 모압 땅으로 이민 가지도 않았을 테니 말입니다. 그런데 이방 여인 룻은 시집 식구들이 믿는 그 하나님이 참된 하나님이심을 알고 믿게 된 것입니다. 그리고 그 하나님을 평생 섬기기로 결심한 것입니다. 또한 재산도 없고 가족도 없는 시어머니를 자신이 책임져야겠다고 생각한 것도 중요한 이유였을 것입니다.

☑ 알아두기

나오미 / '나오미'는 '나의 기쁨', '나의 기뻐하는 자'를 의미한다. 나오미는 사사 시대에 베들레헴에 흉년이 들어 모압으로 이주한 엘리멜렉의 아내였다. '엘리멜렉'은 '하나님은 왕이시다'라는 뜻의 이름을 가진 사람으로, 나오미와 더불어 유대 땅 베들레헴에 있을 때 상당한 부자 집안이었다. 나오미가 이방 땅 모압에서 모든 것을 잃고 베들레헴에 다시 돌아왔을 때 화제가 되었을 정도이다.

나오미와 룻, 두 여인이 한참을 걸어 베들레헴 땅에 이릅니다. 10여 년이라는 오랜 세월이 흘렀지만 온 성읍 사람들이 나오미를 알아보며, "당신이 나오미냐?"라고 묻습니다. 그러자 나오미가 이렇게 대답합니다.

"나오미가 그들에게 이르되 나를 나오미라 부르지 말고 나를 마라라 부르라 이는 전능자가 나를 심히 괴롭게 하셨음이니라 내가 풍족하게 나갔더니 여호와께서 내게 비어 돌아오게 하셨느니라 여호와께서 나를 징벌하셨고 전능자가 나를 괴롭게 하셨거늘 너희가 어찌 나를 나오미라 부르느냐 하니라" 룻 1:20-21

나오미는 자신이 하나님과 이웃의 '나오미', 즉 '기쁨'이 아니라 '마라', 다시 말해 하나님과 이웃을 '괴롭게 하는' 존재라고 고백하는 것입니다.

십여 년의 힘겨운 타향살이 끝에 하나님의 뜻을 깨닫고 하나님이 돌보시는 약속의 땅으로 돌아온 나오미, 그리고 "어머니의 하나님이 나의 하나님"이라고 고백하며 낯선 땅으로 발걸음을 옮긴 며느리 룻. 사사 시대를 배경으로 하는 아름다운 룻기의 이야기는 이 두 여인의 믿음의 선택을 배경으로 시작되고 있습니다.

보석찾기

나오미라는 여인이 하나님의 징계를 달게 받고 성숙하였다는 것을 확인할 수 있는 말이 있습니다. 룻기 1장 13절과 20-21절에서 찾아 적어보고 그 의미를 생각해 봅시다.

마음나누기

당신은 자신의 잘못에 대한 징계가 주어질 때 잘 받아들이는 편입니까? 아니면 피하려 하는 편입니까?

기도

사랑으로 인도하시는 하나님, 인생의 참된 행복이 하나님의 품안에 있으며, 참된 평안과 안식 또한 하나님의 보호 아래 있을 때 주어진다는 것을 깨닫게 하시니 감사합니다. 하나님의 품안에 영원히 거하게 하옵소서.

나무 72

진흙 속에 빛나는 진주

룻 2장

찬양

찬송가 – 444장 · 예수가 거느리시니
찬　양 – 더욱 주님을 알수록

기도

이 시간, 말씀을 통독하는 가운데 하나님의 마음과 뜻을 깨달아 알 수 있도록 지혜를 주옵소서.

마음열기

당신이 슬픔과 어려움에 처해 있을 때 다가와 위로의 말을 건네 준 사람은 누구였습니까?

함께읽기

함께 룻기 2장을 읽어봅시다.

친해지기

룻은 늙은 시어머니 나오미를 봉양하기 위해 곡식 이삭을 주우러 보아스의 밭으로 갔습니다. 그런 이방 여인 룻을 대하는 보아스의 참 신앙인으로서의 모습을 찾아 적어봅시다.

그토록 그리웠던 고향에 돌아오긴 했으나, 하루 먹을 양식거리가 없습니다. 그래서 며느리 룻이 자신과 시어머니의 먹을거리를 찾아 다른 사람들의 밭으로 나서게 됩니다. 추수는 모든 농부들이 누리는 기쁨 중의 기쁨입니다. 그러나 그 과정에 함께 수고하지 않았던 자가 흘려진 이삭을 줍는 일은 부끄러운 일입니다. 그러나 자신이 배고픔은 물론이요, 시어머니를 봉양해야겠다는 결심이 선 룻으로서는 주저할 수 없었습니다. 하나님과 늙은 시어머니를 선택한 이 여인에게 주어진 삶은 그처럼 어렵고 절박한 것이었습니다. 그렇게 발걸음을 옮긴 룻이 우연히 다다른 곳은 바로 보아스의 밭이었습니다.[룻 2:2-3] 하나님의 인도하심이고 은혜였습니다.

보아스는 자기 밭의 추수꾼들에게 "여호와께서 너희와 함께 하시기를 원하노라"[룻 2:4]라고 인사합니다. 그 축복의 인사를 들은 추수꾼들 또한 "여호와께서 당신에게 복 주시기를 원하나이다"라고 대답합니다. 하나님의 이름으로 인사를 주고받는 이 모습은 그 당시가 사사 시대임을 감안하면 범상치 않은 일입니다.

뿐만 아니라, 보아스는 이방 여인인 룻을 배려해줍니다. 남편이 죽고 난 뒤 시어머니에게 효도한 것을 소문으로 들어 알고 있다면서 룻에게 격려의 말을 건넵니다.

"보아스가 그에게 대답하여 이르되 네 남편이 죽은 후로 네가 (   )에게 행한 모든 것과 네 부모와 고국을 떠나 전에 알지 못하던 백성에게로 온 일이 내게 분명히 알려졌느니라 여호와께서 네가 행한 일에 (   )하시기를 원하며 이스라엘의 하나님 여호와께서 그의 (   ) 아래에 보호를 받으러 온 네게 온전한 상 주시기를 원하노라 하는지라" 룻 2:11-12

이 말은 룻을 매우 기쁘게 했습니다. 보아스는 정말 '말할 줄 아는 사람' 이었습니다. 또한 보아스는 룻에게 떡도 건네고, 볶은 곡식도 줍니다. 뿐만 아니라 추수하는 소년들에게 곡식을 일부러 뽑아서 버려두라고 말합니다. 룻 2:15-16 이는 "너희가 땅에서 곡식을 거둘 때에 너는 밭모퉁이까지 다 거두지 말고 네 떨어진 이삭도 줍지 말며 … 가난한 사람과 거류민을 위하여 버려두라" 레 19:9-10라는 율법을 기억하고 지키는 모습입니다. 하나님께서 모세를 통하여 주신 말씀이 머리의 지식에서 끝나는 것이 아니라 삶의 실천으로 나타나는 장면인 것입니다.

하나님을 마음에 두고, 그분의 말씀을 삶의 기준으로 받아들인 사람을 찾기 어려운 사사 시대에 하나님을 마음에 모신 두 사람 룻과 보아스의 만남이 참으로 아름답습니다. 이들의 진실한 삶의 자세는 하나님께서 역사하시는 통로가 될 뿐 아니라, 암울한 사사 시대를 미력하게나마 밝혀주는 아름다운 사건이 되고 있습니다.

보석찾기 ○ ● ●

보아스와 룻은 진흙 속에서 빛나는 진주와도 같았습니다. 그들의 아름다운 삶의 흔적들이 잘 드러나는 구절들을 룻기 2장에서 두 가지만 찾아 적어봅시다.

마음나누기 ○ ● ●

당신은 잘못된 시대 환경에 역류하며 하나님의 말씀대로 살기 위해 결단을 내리고 구체적으로 말씀을 실천해 보았던 경험이 있습니까?

기도 ○ ● ●

은혜로우신 아버지 하나님, 세상 모든 일은 하나님의 놀라우신 섭리의 결과임을 알고 찬양드립니다. 시어머니를 따라 베들레헴으로 온 룻의 효성과 아름다운 성품, 그리고 암울한 시대에 따뜻한 온정과 신앙을 지켜낸 보아스를 본받게 하옵소서.

나무 73

축복 받는 가정의 탄생

룻 3장-4:17

찬양

찬송가 – 499장 · 저 장미꽃 위에 이슬
찬 양 – 축복하소서 우리에게

기도

이 시간, 말씀을 통독하는 가운데 하나님의 마음과 뜻을 깨달아 알 수 있도록 지혜를 주옵소서.

마음열기

당신이 소중하게 여겨서 꼭 지키려고 노력하는 원칙과 절차에는 어떤 것이 있습니까?

함께읽기

함께 룻기 3장을 읽어봅시다.

친해지기

밤중에 자신의 타작마당으로 찾아온 룻의 두려운 마음을 위로하기 위해 보아스가 건넨 말과 선물은 무엇이었습니까?

보통 2주 정도가 걸리는 추수기간이 끝나갈 무렵, 시어머니 나오미가 룻을 불러, 보아스가 자기 집안의 기업을 무를 사람이라고 말합니다. 룻은 시어머니의 명대로 목욕하고 새 옷을 입은 후, 보아스의 밭으로 갑니다.

대개, 전답이 많은 부자들의 추수 풍습은 곡식단들을 집으로 옮겨 와서 탈곡하기보다는 현장에서 탈곡해서 알곡만을 가져오는 것이었습니다. 그래서 추수 때에는 일시적으로 거처할 천막을 쳤는데 보아스가 거기서 며칠 지내고 있었던 것으로 보입니다. 그때 나오미가 조마조마한 마음으로 며느리 재혼 계획을 세운 것입니다.

보아스가 풍성한 추수를 하고서 기쁜 마음으로 천막에 들어가 발을 쭉 뻗고 눕는데 뭔가 발에 닿습니다. 깜짝 놀라 일어난 보아스에게 룻이 "나는 당신의 여종 룻이오니 당신의 옷자락을 펴 당신의 여종을 덮으소서 이는 당신이 기업을 무를 자가 됨이니이다"룻 3:9라고 말합니다.

이때 보아스가 자신을 소개하는 말로 미루어 보아 그는 중년의 나이를 훌쩍 넘어 있었을 것이라 짐작됩니다. 보통 그런 상황에서는 짐짓 모르는 척 하고 룻의 요구를 들어줄 만도 합니다. 그런데 보아스는 밤중에 자기 침실로 찾아온 룻에게 이렇게 말합니다.

√ 알아두기

타작마당 / 곡식을 까부르는 타작마당(threshing-floor)은 곡식 밭 안에 만들거나 또는 바람이 잘 통하는 곡식 밭 근처의 공터를 이용했다. 도시 근처에 있는 타작마당은 공공의 것이었으며 따라서 성문 가까이에 있었다(왕상 22:10). 룻은 보아스를 타작마당에서 발견하는데, 이때 보아스는 새로 추수된 곡식 단이나 탈곡한 곡식을 감독하고 있었던 것 같다. 이후, 다윗은 아라우나의 타작마당에 단을 쌓았으며, 솔로몬은 그곳에 성전을 건축했다.

"그가 이르되 내 딸아 여호와께서 네게 (   ) 주시기를 원하노라 네가 가난하건 부하건 젊은 자를 따르지 아니하였으니 네가 베푼 인애가 처음보다 나중이 더하도다 그리고 이제 내 (   )아 두려워하지 말라 내가 네 말대로 네게 다 행하리라 네가 (   ) 여자인 줄을 나의 성읍 백성이 다 아느니라" 룻 3:10-11

보아스는 환한 낮에나 어두운 밤에나 잊지 않고 하나님을 찾고 있습니다. 또한 두려워하고 있는 룻을 위로합니다. 그리고 나오미 가족의 기업 무를 자로 자기보다 더 가까운 친족이 있다는 사실을 알려줍니다. 그래서 그날 밤엔 두 사람이 아무 일 없이 뜬 눈으로 밤을 새웁니다. 더 가까운 기업 무를 자가 있기에 하나님의 법을 지키고자 했던 것입니다.

지혜창고

징검다리 / 룻의 순종과 보아스의 성숙한 신앙, 그리고 나오미의 열심이 하나님의 역사를 이루는 소중한 징검다리가 되고 있다.

룻과 나오미 입장에서는 부끄러움을 무릅쓰고 실천한 계획이었습니다. 그런데 현재로서는 그 계획이 무위로 돌아간 듯 보입니다. 그러므로 두 여인의 입장에서만 생각하면 무시당했다는 생각이 들 만합니다. 거기까지 생각이 미친 보아스는 새벽까지 천막에 머물렀다 돌아가는 룻에게 보리를 여섯 번 되어 줍니다. 나오미가 이 뜻을 알아채고, 가만히 기다려보자고 말합니다.

"룻이 시어머니에게 가니 그가 이르되 내 딸아 어떻게 되었느냐 하니 룻이 그 사람이 자기에게 행한 것을 다 알리고 이르되 그가 내게 이 보리를 여섯 번 되어 주며 이르기를 빈손으로 네 시어머니에게 가지 말라 하더이다 하니라 이에 시어머니가 이르되 내 딸아 이 사건이 어떻게 될지 알기까지 앉아 있으라 그 사람이 오늘 이 일을 성취하기 전에는 쉬지 아니하리라 하니라" 룻 3:16-18

다음 날, 보아스는 성읍 장로들을 부르고, 자신보다 엘리멜렉과 더 가까운 친족을 불러서 나오미의 기업을 물러주라고 이야기합니다. 하나님께서 모세를 통해 주신 법에 따르면 잃어버린 경작권을 가장 가까운 친족이 다시 사주어야 했습니다. 가장 가까운 친족이 처음에는 하겠다고 합니다. 왜냐하면 나이 든 나오미는 이미 자녀 생산 능력이 없는 고로, 나오미만 자기 식구로 받아들이면 나오미 대신 물려준 땅은 결국 모두 자기의 것이 될 거라고 생각했기 때문입니다. 그러나 젊은 여인 룻과 결혼해서 자식을 낳아 그 자식을 나오미에게 양자로 주고 나오미의 과거 재산을 전부 그 자녀와 함께 돌려줘야 한다고 하자,룻 4:5, 10 자신의 결정을 번복합니다. 그래서 그 책임순위가 보아스에게로 넘어옵니다. 보아스는 그 책임을 받아들여, 룻을 자기 아내로 삼습니다. 사실 보아스는 재산상으로 상당히 큰 손해를 감수한 것입니다.

αΩ 원어해설

고엘 גֹּאֵל
: 기업 무를 자 (룻 2:1) / '고엘'은 '되사다, 도로 찾다, 속량하다, 근친의 의무를 이행하다'를 뜻하는 동사 '가알'의 명사형으로 '구속자, 속량자, 무르는 자'를 의미한다. '고엘'은 궁핍한 때에 판 기업을 되사는 것이나, 가난할 때 자신을 판 이스라엘인 노예를 자유롭게 하는 자를 언급하기 위해 사용되었다. 이런 매입과 무르는 일은 근친의 의무였다 (레 25:25-54).

이렇게 룻은 하나님께서 정하신 율법 절차에 따라 보아스와 결혼하였고, 룻과 보아스 사이에서 태어난 아이는 나오미의 양자가 됩니다. 룻과 보아스는 십 년 전 엘리멜렉과 나오미가 팔았던 땅을 되찾아 그 아이와 함께 넘겨주어, 나오미가 남은 생을 편안하게 꾸려갈 수 있도록 합니다. 이 일을 지켜본 나오미의 친구들이, 품에 양자를 안고 있는 나오미를 보며 하나님을 찬양합니다.

"여인들이 나오미에게 이르되 찬송할지로다 여호와께서 오늘 네게 기업 무를 자가 없게 하지 아니하셨도다 이 아이의 이름이 이스라엘 중에 유명하게 되기를 원하노라 이는 네 생명의 회복자이며 네 노년의 봉양자라 곧 너를 사랑하며 일곱 아들보다 귀한 네 며느리가 낳은 자로다 하니라" 룻 4:14-15

시어머니를 돌보고자 낯선 나라로 옮겨온 것, 또한 그런 어머니의 생계대책을 위해 "가난하건 부하건 젊은 자를 따르지 아니한" 룻 3:10 태도가 바로 룻의 효성이 드러난 부분입니다. 하나님의 기쁨과 이웃의 기쁨을 위해 살았던 보아스와 룻, 그리고 나오미. 이들의 인생이 참으로 멋지고 아름답습니다.

보석찾기 ○ ● ●

보아스의 주장대로 율법의 절차와 원칙을 지키기 위해서, 그날 밤을 지새웠을 세 사람의 이름을 룻기 3장 14-16절을 참고하여 적어봅시다.

마음나누기 ○ ● ●

당신은 중요한 원칙과 절차를 지키기 위하여 밤새워 고민하고 힘을 다해 애써 본 적이 있습니까?

기도 ○ ● ●

사랑과 자비가 풍성하신 하나님, 저희를 통하여서 이 땅에 하나님의 선하신 뜻이 이루어지기를 원합니다. 부름을 받은 저희가 룻과 보아스처럼 희생과 헌신과 사랑을 베푸는 복된 삶을 살도록 인도하여 주옵소서.

나무 74

어머니의 무릎 위에 앉아서

룻 4:18-22

찬양

찬송가 – 234장 · 나의 사랑하는 책
찬 양 – 주의 말씀은 내 발의 등이요

기도

이 시간, 말씀을 통독하는 가운데 하나님의 마음과 뜻을 깨달아 알 수 있도록 지혜를 주옵소서.

마음열기

나무의 뿌리는 눈에 바로 보이지 않지만 깊고 넓게 자라고 있습니다. 깊은 신앙의 뿌리를 내리기 위하여 당신이 지금 노력하고 있는 일은 무엇입니까?

함께읽기

함께 룻기 4장 18-22절을 읽어봅시다.

친해지기

이 족보에서 보아스의 아버지, 보아스의 아들과 손자, 증손자의 이름을 각각 찾아 적어봅시다.

말씀의 숲길로 ○●●

보아스가 살던 사사 시대는 대부분의 사람들이 자기 소견에 옳은 대로 살았던 시대입니다.[삿 21:25] 그런데 보아스는 다른 사람들과는 달리 하나님의 말씀을 붙들며 살고 있습니다. 첫째는 물론 하나님의 은혜요, 둘째로는 그의 족보를 통해 그 이유를 짐작해 볼 수 있습니다.

> "나오미가 아기를 받아 품에 품고 그의 (   )가 되니 그의 이웃 여인들이 그에게 이름을 지어 주되 나오미에게 아들이 태어났다 하여 그의 이름을 오벳이라 하였는데 그는 다윗의 아버지인 (   )의 아버지였더라 베레스의 계보는 이러하니라 베레스는 헤스론을 낳고 헤스론은 람을 낳았고 람은 암미나답을 낳았고 암미나답은 나손을 낳았고 나손은 살몬을 낳았고 (   )은 보아스를 낳았고 보아스는 오벳을 낳았고 오벳은 이새를 낳고 이새는 다윗을 낳았더라"[룻 4:16-22]

✓ 알아두기

룻기 4장에 나오는 족보

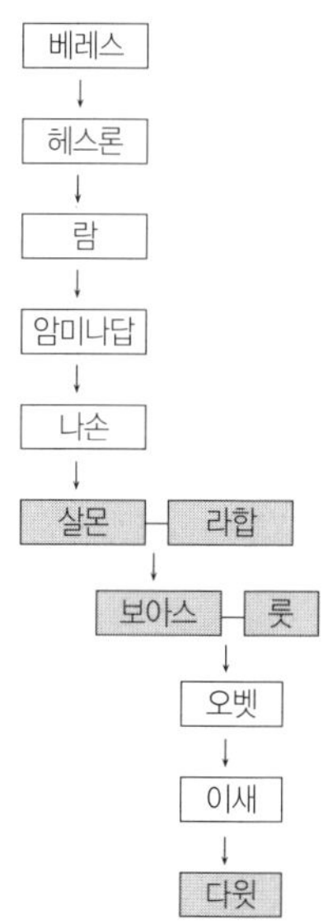

보아스의 아버지가 살몬이었습니다. "살몬은 보아스를 낳았고 보아스는 오벳을 낳았고"[룻 4:21]. 그런데 여기서 잠깐 마태복음 1장 5-6절을 찾아봅시다. "살몬은 라합에게서 보아스를 낳고 보아스는 룻에게서 오벳을 낳고 오벳은 이새를 낳고 이새는 다윗 왕을 낳으니라."[마 1:5-6] 살몬의 아내가 누구입니까? 바로 라합입니다. 여리고 성에서 유일하게 살아남은 믿음의 여인 라합 말입니다. 그가 바로 보아스의 어머니인 것입니다.

라합, 그는 역사를 보는 안목을 가지고 있던 여인입니다. 하나님을 볼 줄 아는 여인이었습니다. 그는 홍해를 건넌 이스라엘 백성의 소식을 듣고 하나님에 대해 관심을 가졌습니다. 그리고 자신이 직접 기적을 보진 않았지만, 하나님에 대해 듣고 믿은 것입니다. 그래서 재물, 창칼, 전술을 의지했던 여리고 사람들이 다 죽어갈 때, 그 여인은 하나님의 능력을 두 눈으로 똑똑히 목격하고 생명을 얻었습니다.

📖 지혜창고

신앙계승 / 보아스는 사사 시대에 찾아보기 힘든 믿음의 사람이었다. 그것은 일찍이 "여호와를 들음(수 2장)"으로 믿었던 그의 어머니 라합의 믿음(마 1:5)을 이어받았기 때문이었다.

그런 라합이 아들 보아스를 키우면서 무엇을 가장 열심히 가르쳤겠습니까? 무엇보다 자기 일생 최대의 경험, 즉 여리고 성이 순식간에 무너지는 틈바구니 속에서 자기가 생명을 건질 수 있었던 이유를 들려주며, '살아계신 하나님' 을 가르쳤을 것입니다. 그래서 남들이 다 각자 자기의 소견에 옳은 대로 살아가는 시대에 보아스는 하나님의 말씀을 열심히 외우고 실천하며 살아갔던 것입니다. 이후 다윗이 "전쟁은 하나님께 속했다" 삼상 17:47라고 골리앗 앞에서 고백하는데, 그 고백의 뿌리는 그의 증조할머니 라합에게서 계승된 것이라고 볼 수도 있겠습니다. '보아스라는 사람! 그 뒤에 믿음의 어머니 라합이 있었구나' 라는 생각이 듭니다.

이렇게 시대를 역류하며 하나님의 말씀대로 책임을 다한 보아스의 순종과 믿음, 아픈 세월을 통해 성숙한 신앙인으로 거듭난 나오미, 그리고 생명을 다해 하나님과 시어머니를 믿고 따른 룻의 삶이 모두 합해져서 하나님의 꿈이 계승되고 예수 그리스도의 오실 길이 준비됩니다.

보석찾기 ○ ● ●

보아스의 어머니가 나와 있는 기록을 마태복음 1장에서 찾아 적어봅시다.

마음나누기 ○ ● ●

이후 당신의 자녀들에게 꼭 전해주고 싶은 하나님의 말씀이나 간증이 있다면 함께 나눠봅시다.

기도 ○ ● ●

말씀에 기초한 신앙의 계승이 얼마나 각 개인과 사회를 아름답게 변화시켜 가는지 룻기를 통해 알게 되었습니다. 저희로 하여금 주의 말씀 가운데 튼튼히 뿌리내리게 하시고, 우리의 후손들과 주변 사람들에게 군센 신앙을 계승할 수 있는 믿음의 세대들이 되게 하옵소서.

성경통독원

BibleTongdokWon

숲과나무 성경통독은
하나님의 마음을 따라
성경 66권 전체를 읽어가는 것입니다.

숲과나무 성경통독은
성경의 숲과 나무를 살펴
성경 66권 모두를 하나님의 말씀으로 받아들이는 것입니다.

숲과나무 성경통독은
세계 역사를 경영하시는 하나님의 손길을 확신하며
성경 역사의 흐름에 따라 체계적으로 성경의 숲을 보는 것입니다.

성경통독원은
올바른 성경통독 방법의 보급과 확산을 위해
이 시대 교회, 세계의 그리스도인들과 함께하고 있습니다.